카멜레온의 詩

이한명

카멜레온의 詩

발　행	2021년 4월 01일
저　자	이한명
발행인	김옥자
편　집	표천길

펴낸곳　문학광장
주　소　서울 구로구 구로동 609-24 한성상가A동209호
전　화　(02)2634-8479
팩　스　0505-115-9098
등록번호 구로 바00025
　　　(2007년 12월 12일)
ISBN　979-11-86521-41-0

　값 13,000원
*저자와의 협약에 의해 인지는 생략합니다.
*잘못된 책은 바꾸어 드립니다.
　본지는 한국간행물윤리위원회의 윤리강령 및 실천요강을 준수합니다.

카멜레온의 詩

-이한명 시집-

문 학 광 장

‖ 시인 약력 ‖

이
한
명

경남 거창 출생
대한문학세계 시부문 신인상 등단
문학광장문인협회 정회원
황금찬시맥회 회원
사)창작문학예술인협의회 회원
대한문인협회 정회원

시집: 〈카멜레온의 詩〉
　　　〈 한국문학대표시선8 〉공저
　　　〈명인명시특선시인선〉공저

=시인의 말=

풀밖에 뽑을 줄 모르던 엉터리 농부가
밭으로 걸어 들어갑니다

토마토가 빨갛게 익어가고 있습니다
고추도 제법 튼실해졌습니다

내가 풀만 뽑고 방치해둔 동안
그네들은 열심히 물밑 작업으로 스스로를 키웠습니다
지렁이가 메마른 땅을 일궈 숨통을 트게 하여 주고
물방개가 날아와
벼이삭 키우는 법을 알켜 주고
벌 나비가 날아와 열매를 안겨주고
때로는 두더지가 땅굴을 파고 들어와 땅콩 몇 알 대신
세간의 얘깃거리를 전해주고
바람이 다녀가고 햇빛이 다녀가고
비가 내려 생명수를 주었습니다

이제 첫 시집이 꽃을 피우려 합니다

2021년 3월
이른 봄 청라에서   이한명

차례

시인약력 ········ 04
시인의 말 ········ 05

이한명의 詩 세계

어떤 귀향 ············· 12
안부를 묻다 ············· 14
장다리꽃 ············· 15
인생 ············· 16
눈 오는 날에 ············· 17
또다시, 봄 ············· 18
타향에 핀 풀꽃 ············· 20
청산 가는 날 ············· 22
담쟁이 ············· 24
고 향 ············· 25
다시 을숙도에서 ············· 26
자귀 꽃, 나비 날다 ············· 28
편지 ············· 29
길 잃은 사랑 ············· 30
이사 가던 날 ············· 32
변명 ············· 33
안부 ············· 34
겨울편지 ············· 36
소식을 기다리며 ············· 38
그리움 ············· 39
산마을에 해 그림자 비칠 때 ············· 40
겨울잠행 ············· 42
하루 ············· 44
빚 ············· 45
잠 못 이루던 밤의 상념 ············· 46
가을 안부 ············· 48
바람에게서 안부를 엿듣다 ············· 49
어쩌다 ············· 50
벌써, 봄 ············· 51
작은 인연 ············· 52
폭설 ············· 53

멍에	54
을숙도 에서	55
바람새	56
나도 바람꽃	58
대설 특보	60
가을, 번지점프	61
0월의 계절	62
가슴앓이	64
유리창엔 비	67
그 집 앞	68
홍시	69
애상	70
가을을 살피다	71
물안개의 아침	72
이슬꽃	74
늦가을	76
목련화	77
살다가	78
어떤 부재	80
열꽃	82
외줄 타는 새들	83
분꽃, 가을에 두다	84
은하수	85
바람의 노래	86
옷걸이는 누가 걸어주나	88
가을 전시회	90
가을 둥지로 떠나 간	91
오래된 집	92
겨울나무여	93
목백일홍 그리움에 물들다	94

차례

폴라로이드로 그린 풍경 ······································ 96
11월, 플라타너스 나무 아래 ································ 97
달처럼 벌거벗고 ·· 98
소쩍새, 그리움의 끝에 서서 ······························· 100
조각 맞추기 ·· 101
사라지는 것에 대한 그리움 ································ 102
불면의 오후 ·· 104
시월애(愛)1 ·· 106
그리움의 덫 ·· 107
장미의 계절 ·· 108
코스모스 ··· 109
포구에서 ··· 110
유배된 새들의 마을에서 1 ································· 112
소래포구 ··· 114
여백만큼만 ·· 116
유배된 새들의 마을에서 2 ································· 118
비의 초상 ·· 120
쑥국새 우는 밤에 ·· 122
아버지의 허수아비 ··· 124
날지 않는 새를 위하여 ······································ 126
그리움이 있던 자리 ··· 128
기다림 ··· 129
가을을 위한 기도 ·· 130
가을날엔 ··· 132
돌담길 ··· 133
불면기 1 ··· 134
엿보다 ··· 135
보행의 시간 ·· 136
미끼낚시 ··· 137
빗물은 젖으며 운다 ··· 138

그리운 이별	139
코스모스	140
정류장에 우두커니	142
연못가에서	143
어떤 이별	144
롤러코스터를 그리다	146
흑심을 품다	147
바닷가 베란다 풍경	148
시 짓는 밥솥	150
눈사람	151
자유로의 악마	152
흔적	153
봉투를 접으며	154
둥지	155
가시의 식성	156
물의 꿈	157
틈	158
시월애(愛)2	160
이 계절엔 뻐꾸기도 울지 않았네	162
흔적, 그리움을 지우다	164
거울의 벽	165
이 빈 들에 홀씨 되어	166
날자, 한번만 더	168
설악 공룡릉	170
숲의 소리	172
천둥벌거숭이	174
새벽에	176
불면기 2	178
유월의 뜨락에서	179
바람이 전하는 말	180

장마 …………………………………………… 182
소나기 ………………………………………… 184
낮달 …………………………………………… 185
심곡천 1 ……………………………………… 186
침묵하는 저녁 ………………………………… 188
태풍 장미 ……………………………………… 189
구월에 가면 …………………………………… 190
심곡천 2 ……………………………………… 192
태풍 바비를 대하는 관념 …………………… 194
길거리 흔한 국수집 ………………………… 195
로봇 청소기 …………………………………… 196
낙엽 …………………………………………… 197
카멜레온의 詩 ………………………………… 198
햇살 도둑 ……………………………………… 200
자가 격리 ……………………………………… 201
달집 짓기, 혹은 부수기 ……………………… 202
괘종 벽시계 …………………………………… 204
마스크로 바라본, 2020 ……………………… 206
빈들, 그 겨울의 기억 ………………………… 207
옛사람 ………………………………………… 208
겨울, 문틈 ……………………………………… 209
시간의 기억 …………………………………… 210
어머니의 강 …………………………………… 212
통화 중 ………………………………………… 214
비무장지대 …………………………………… 216
겨울, 병사의 노래 …………………………… 218

이한명 詩세계

어떤 귀향

새들은 어디로 가나

저렇게 산그늘 쫓아 바삐 오는
단풍 속으로

날개마다
하얀 계절이 지고 있는데

그리운 얼굴들 모서리마다
낙엽은 쌓이는데

한동안 찾지 않던 까칠한
길모퉁이에

입추 지난 풀잎들 서러운 눈물
닮아 가는데

쏴한 가슴마다 숭숭
바람이 드나들어도

아직은 지지 않은 그리움의 빛깔,
홀로 남아

새들은
처마 끝에 날개를 달아두는데

미친 들바람 돌아와
이제야

허수아비들이
옷을 벗고 있는데

안부를 묻다

잘 지내냐고
잘 지내고 있을 거라고

내 맘속에 묻어 둔
풀지 못한 실타래 같은
너의 안부는

그립다
그립다 하며
자꾸만 뒤돌아 본

오늘도 뜬금없이 떠오른
너의 안부는

잘 지내겠지
잘 지내고 있을 거라고

그렇게 이별을 하고

또
안부를 묻는다

장다리꽃

채마밭 숨겨진 고랑 사이로 하얀 무꽃이 피어오른다

목 긴 사슴의 슬픈
눈이 숨어
숨바꼭질하던 나를 바라본다

어른이 된 나는 술래가 되었다

흰나비 날개 속에서
하얀 무꽃이 걸어 나온다
세월의 깊이만큼 깊게 파인 주름을 달고 계신다
울 엄마

지나던 바람 향기에 취해 누운
밭고랑

예서, 그만 세월을 멈추고 싶다

내 어린 그곳의 채마밭에
목 긴 장다리꽃이 핀다

인생

저녁노을 붉은빛이
다정도 하여

매인 끈 풀어헤친 유유한 세월이여

주름 잡힌 이내 모습
얼룩얼룩 하구나

천지간 술 취한 이들아
험하고 모진 세상 마음 아파하더라도

꽃피고 지고
새 울고 웃고

모두 다 인생의 참맛인데

그것도 아쉽다 하여
근심일랑 말아라

구름 지고 어둠 져도
하늘 솟아나는 곳

그곳이 바로 인생일진대

창가에 지는 천상의별이
언제의 인간에게 바친
순정이었더냐

눈 오는 날에

길을 찾아 길을
떠났던
저문 겨울의 새벽 뜨락은

모락모락 피어오르던   그리움에
왈칵   눈물을 쏟아내던
그 언제 적의
쓴 소주잔 같았을까

잊으라 잊으라 하며
스스로 녹아
흩뿌려진 눈송이들이

바람으로 돌아와
앉은
저 겨울 빈 나뭇가지 끝

채워도 채워도
끝나지 않는 목마름은
새벽길 어디선가
서성이던
바람 같았을까

눈꽃으로 돌아온
겨울
바람이었을까

바람소리 지나간 쓴 술잔이었을까

또다시, 봄

북촌 거리에 봄 파는 곳을 아시나요

사뿐히 몸 뒤집어 아장아장
아기 걸음으로 오는 봄을 느끼시나요

뜨락 가득
환한 희망의 불씨 지펴주는 따스한
봄볕을 느끼시나요

그래요
우리 오늘은 소풍을 떠나요
봄을 캐러 떠나요

가다가
길가 좌판에 깔아 놓은 할머니에게서
봄나물도 삼천 원어치 사고요
지나는 화원에 들러 이쁜 웃음꽃도 한 송이 사요

하루에도 몇 번씩 오던
확진 알림 문자
이젠 듣고 싶은 봄소식으로
바꿔 주시면 안 될까요
어느 집 장독대 옆에 개나리꽃이 폈는지
누구네 집에 이쁜 송아지가 태어났는지

봄을 캐는 삼월이 오면
삼천 원의 행복을 찾아 떠나요

파릇파릇
마음이 아름다운 사람에게서 돋아난
꼬깃꼬깃 언 땅에 숨겨뒀던
삼천 원어치의 봄

포르르 솟는 봄
어린 봄 하나 들춰 들고
가만히 숨죽여 들여다 봄
그 봄이 오고 있는데요

북촌 거리에 봄 파는 곳을 아시나요

타향에 핀 풀꽃

사람아, 새벽 강둑길 하얀
방죽 같은
외로움을 몰고 오던
사람아

어제는 축대 무너진 새벽
담장 밑에서
또 오늘은 비굴한 세상살이에
춤추던
광대 같은 사람아

도회지 가랑이 밑을 기어
다니다가
문득 고개 들어
차가운 이슬 한 모금 머금고
태양같이 태양같이 불타버린
사람아

숫기 잃은
도심 한 거리에, 유곽의 순정들
몸 팔아, 몸 팔아
빌딩 꼭대기
첨탑 위로 걸어 나부끼는
하얀 꽃분

솔개 한 마리 도심을 낚아채는
하오의 푸른 고독
아..사람은 어디 가고
빈 몸짓뿐이던가

불편한 오늘 하루쯤
눕힐
주막 같은 집은 어디에도 없어
가련한 풀꽃 무더기 무더기
사태 져 앓아누운 자리
사람아
진정 그리운 사람아

청산 가는 날

청산에 들면
잊힐까

마알간 하늘빛 그리워
살라먹고 살라먹던
두어 평
내 텃밭에
푸성귀로 살아

잠시 빌려 살아온
세월

빛살 눈부신 아침을
걸어 나가면
발길에 차이는 햇살
무게만큼이나

차츰 낯설어 가는
골목길 사이로
새들은
지푸라기를 물어 올리느라
바쁘다

살아온 날들만큼
이미 남이 되어버린
이름들

무수히 쪼개지는
기억의 조각들
그리고 흩날리는 꽃잎

되돌려 주기엔 너무나 초라한
내 텃밭을
새들은 돌아와 눕는가

돌부리 서걱대는
황톳빛 꿈에
어지러운 잠을 설치는가
청산에 들면 잊힐까

담쟁이

뭐가 그렇게 바빠
생을 다해 넘으려고 떼를 쓰는지

그 가을 숨 하나 두고 온 꽃자리
질긴 끈 하나 대롱이더라
인연 하나 매달리더라

통통거리며 산 넘어 간
경운기 소리
귀에 밟히더라
젊은 우리 엄마 두고 지나가더라

붉은 숨 토해내며 세상 오르던

그 가을 꽃자리
담쟁이 피었더라

놓아주지 못한 끈 하나 아직도
쥐고 있더라

고 향

당신은 오늘도
시장 모퉁이 술집에 앉아

찌그러진 빈 바구니
두드리고 있습니까

뜨는 해 지는 달에 주름 잡힌
당신 모습

보고파 천리길 찾아왔지만
정 두지 못해 돌아선
이 마음 어이하리오

재너머 뒷논에
우거진 잡초랑

마을 어귀 메마른 논밭은
또 어이하리오

이 봄 안타까워
떠나지 못하는데

당신은 오늘도 시장 모퉁이
술집에 앉아
찌그러진 빈 바구니 두드리고 있습니까

다시 을숙도에서

그대, 긴 그림자를 보았지

희미한 줄기 너머 푸덕거리던
갈대밭
이정표를 잃은 사람들의
발자국이
어수선한 세월 같다고

정한 곳 없이 눈이 내리고 있었지

가벼이 날리는 것들
정녕 그대 떠난 뒤
돌아가 누울 고향 같은 새들의 마을로
날마다
날마다 흔들리는 갈대밭이 있었어

지어미들 굼불 지피는
먼 저녁 그리움 뒤로
아슴아슴 저무는 사람들의 노랫소리

진종일
그리움의 안부를 털어내는
눈발 가득한 길 위에도
질펀한 눈물을 쏟으며
묻혀가는 삶의 발자국들

문득
이정표도 없이 돌아와 선
그대
긴 그림자를 보았지
새들의 마을에서

자귀 꽃, 나비 날다

구름 위 텃밭을 가꿔
꽃씨를 심었더냐
너울지는 포말
하얀 그리움에 꽃술을 심었더냐

푸른 잎 틈새마다
톡톡 터뜨린 부챗살 살포시 제치니
비밀의 방 숨겨 둔 연정(戀情)
몽유(夢遊)롭구나

바람 일면 날아갈 듯
깃털 곧추세우니
자귀나무에 앉은 나비인가
나비 깃털에 매달린 꽃술이던가

편지

그리움에 지쳐
달무리 지는 밤이면

어디선가 찾아올 것 같은
그리운 이여

사르르 꽃잎 지는 소리에
행여 그인가
숨죽이던
여린 마음이여

가을밤
달그림자에 놀라는
조그만
가슴으로
연연하던 사연들이

늦가을
그리움 한 다발 엮어
소포로 보내련다

길 잃은 사랑

이제
기다리기로 한다

늘 새털 같은 웃음으로
먼저 달려가
빈 몸짓 나누던
세월 위에

자꾸만 햇살같이 풀어놓던
길 잃은 사랑

그리움은 또 저렇게
풀잎 같은
가슴 떨 구워도

구겨진 삶의 모습이
펄럭이는
가을 낙엽처럼
바람처럼
뒤안길 가득 흩어져
내릴 때

그곳에 이끼 푸른 뒷모습으로
버팅 기는
또 다른 성숙을 위해
 이제 기다리기로 한다

세월은 가고
나는 또 한 번 계절에 묶여
온통 빛바랜 아픔을
간직할지라도

오래전
기억 속에 갈무리된
곰삭은 세월 하나

내 안에
품고 살지라도

이사 가던 날

아침에 일어나
더욱 굵어진 듯한
아내의
손마디를 주름살에서 본다

공복의
아침을 위해 몸을 낮추는
문턱을 넘어

아직은 온기가 남아있을
이부자리며
베개 밑 꿈의 안마당에서

지지리도 못난
아이들이 삐삐를 뽑아먹던
낡은 사진첩
하나

끝끝내 좇아오던 …….

머리를 푸는 서울 앞에 서면
달랑거리던 세간
살림들이
빈 바람 소리를 내며
얼굴을 내민다

변명

이제는 잊었다
하겠지

한 겹 한 겹 모다 벗어
알몸으로 서도

또 한껏
벗지 못한 그리움의 그늘

멀리
소리치는 강이 있어,
아주 멀리

어깨너머로 훔쳐보던
네 빛 고운 입술
그 너머로

이제는 잊었다 할 강이
흐르고 있어

안부

새야 너 깃털 속에 그 파아란
하늘을 보여주렴

흐드러진 보리밭
짐 지고 오는 고향의 안부

밀내음 묻어오는 강둑길
바람 한 자락이라도
나는 족하리

사람 사는 일이란 그림자 같은
비밀을
풀어내는 일

때로 발 묶인 나그네로
주저앉아
자신의 땅 한 뼘 일구지 못한 체
가슴에
뚝을 쌓는 일

새야 너 하늘 속
숨겨진 깃털
그 파아란 꿈을 보여주지
않으련

여기
흙내음 묻어나는 고향의 하늘
드리워

아직도 낯설지 않은
싸리문 하나
곱게
달아주지 않으련

겨울 편지

낡은 편지를 부치고
돌아서는 날

네 차가운 변덕스런 마음들이
까닭 없이 미워졌다

꽃잎 피기 전에
 '사랑한다' 먼저 써놓고도

차마 부치지 못했던
망설임들은
너의 진실을 알지 못했던
까닭에

하나 둘 겨울나무들이
그리움을 떨구며
지친 마음을
담벽에 기대 일 때쯤

이제야 '그립다' 한마디
던져주고
바람처럼 사라지던
너의 모습에

희미하게 바레인 글씨들을
봉투에
쓸어 담기도 전에

검은 먹물을 튀기며 버선발로
달려가는
나의 마음들

낡은 편지를 부치고 돌아서던
그날은
밉도록 네가 그리웠다

소식을 기다리며

차라리 아주 돌아앉은 네
뒷모습
같았다면
눈 오는 밤길을 쓸지는 않았겠다

간간이 개 짖는
소리
돌아서도 보일 것 같은
불빛 몇 점

도란거리던 네
젊은 날
저녁 손짓에 잠기고 있었어

산마을 아래로
길을 내어도
소식은
눈 쌓인 세상 거리만큼
오리무중이고

새로 난 신작 로워에
하루의 막차가
덜컹거리며 지나간다

그리움

나 찾아봐라
나 찾아봐라

습지 갈대숲에서 뻐꾸기 소리친다

한 울음에 한 방향씩
이쪽저쪽
사방에서 뻐꾹뻐꾹

난
술래가 아니야
어린 시절 그때로 돌아가고 싶어

저기 저곳
고향에서 뻐꾸기 소리 들리는데

나 찾아봐라 나 찾아봐라
풀숲 어딘가에서
자꾸만 나를 부르는 소리

내가 술래가 되어가는
그 소리
뻐꾹뻐꾹

산마을에 해 그림자 비칠 때

물빛 고운
하늘을 품고 산들
꽃잎 피는 담장에 이슬로 내린 들
아아 어쩌겠는가

언제나 비어만 가는
살찐 가슴을

그저 깊이 알 수 없는
심연 속에서

별빛 사다리로 엮어내던
먼 이상의 꿈을
좇아

날아오르던
새는
마음에 굳은 빗장을 걸고

혼자 소리로
우짖던
가난한 노래들이
빈 나뭇가지 허공만 휘젓는데

낸들 또다시 젖어오는
그리움의 눈물이
없겠는가

구름빛 머물다 떠나는
산마을 어디쯤에
환한 햇살 그림자 고여 있는
표주박 하나
집어 들면

아아 소리 없이 타오르는
분홍의 계절이여
온몸에 불을 지피는 추억의 향수여

겨울 잠행

문득,
흔들리는 바람결에 낯 간지럼을 느꼈다

신열에 들떠 신음하다 버팀목도 없이
죽어가던 풀꽃 이름들이
끝내 기억되지 못하는 불치의 겨울
들녘에

가슴속 동굴 인체로
바람이 떠다니다 홀로 저무는 그리움의 시간들이
못으로 박히고
못 속에 새들이 갇혀 울고 있었다

그렇게 한 사나흘 주린 배 움켜쥐고
땅을 기다 보면

세상 끝 멀지만도 않은 목마른 뜰에
숨어들던 눈발

숱한
세간에 입술을 찍고 몰려다니던 그대의 안부는

세상 한 바퀴 휘돌아
허탈한 웃음으로 되돌아온 유년의 물결 같았을까

마음이 추우면 추운 사람을 위해
가슴 덥힐 길이라도 찾아 떠나자

아침 양식으로 족쇄를 채우는 헐겁지만은 않은 일상의 굴레를
협궤열차의 망가진 꿈은 또 어떤 빛깔로 달려올까

하루

나의 하루는 시계추가 없어
늘 원하는 시간대로 바늘을 돌리지

그럼에도 켜켜이 쌓여가는 세월의 조각들은
자꾸만 나를 밖으로 밀어내지

덤으로 가득 채워 놓은 삶의 티켓
물길 따라 흘러가는 나의 독백은 언제쯤이면 끝이 날까

산들산들 부는 바람을 지나
닿은 그 끝에서
아직은 치기 넘쳤던 나를 만나고 싶다

창밖 지나던 바람 한줄기
시계추에 매달려 똑딱똑딱 묵혀 두었던 꿈 하나 꺼낸다

하루의 끝에 선 꽃들이 바람에 흔들린다
꿈이 큰 꽃잎들은 더 많이 흔들린다
하루의 삶들이 모두 흔들린다

비둘기 두 마리 뒷짐 지고 느리게 걷는 그 시간들이 도란도란 참 예쁘다

내 하루도 그랬으면 좋겠다

빚

몇 발자국 남았을까
내일까지는

살아낼 수 있을까
세월 지날수록 마음은 줄어들고 짊어질 짐만 늘어가네

살아생전 이발 한번 염색 한번 못 돌봐드렸는데

잡풀 뽑고 술 한 잔 올리는 것도
벌초 대행 서비스 이용하라는 방재 당국 알림 문자에

순간

혹 할 뻔했었지

추석 전에 기일이라 물가가 오를 대로 올라 장보기가
걱정이라는 아내

은혜를 빚으로 갚아야 한다며 짐 한 보따리 덜컹 내려놓는다

잠 못 이루던 밤의 상념

새벽같이 울음 우는 뻐꾸기야
무엇이 한스러워
기나긴 여름밤을
고뇌 속에 헤매나

무수한 상념으로 고뇌하는
나의 작은 맘속에
너는
홀로 고독인 양 외로움을 토하지만

여기 하얗게 빛바랜
여윈 커튼 사이로
달빛 한 자락 찾아들면

목매여 울지 못한 서러운 가슴 안고
뒹굴다 뒹굴다
지쳐 잠들지만

이따금 너의 울음에
가슴 아파하는 건
도회지 빌딩 숲
메마른 인정들에
메아리 되지 못한 울음이기에

너는
쉼 없이 고독을 토해내고
나는
뒤척이다 지쳐 잠든다

가을 안부

시월이 멀리 있던가요

단풍길 지나오던 길에 우체국에 들렸어요
수취인 불명으로 되돌아온 안부가
빨갛게 눈물 속에 젖어 있었지요

하얀 봉창이 쓸쓸히 바람에 떨어요
시월(時越) 안부는
늘 수취인이 불명인 걸까요

소식은 계절로만 내려요
시월엔 울긋불긋 단풍으로 전하겠죠
엄마 두고 간 빨간 노을이 단풍 빛으로 물드네요
잘 계시단 소식이겠지요

기러기 떠나가는 서쪽 하늘에 우표를 붙여요
수취인은 늘 불명이지요

바람에게서 안부를 엿듣다

그 가을날 들여다본 안부는

노란 치자 집
매달고 다니던 바람이었구나
그리움이었구나

날개 양쪽에 무덤 하나씩 매달고
깊어 가는 허공을 박음질하던
오래된
당신의 문 앞

파란 눈물 하나 툭,
울음을
던지는 가을
그 문 앞, 바람이 지난다

어쩌다

갈 길 바쁜 소식들은 왜 밤으로만
오는가

별리의 슬픈
비는 또 어쩌다 가을로 내리는가

뭉텅 쏟아 놓은 빗줄기에
푸석한 가을빛이 새끼줄 끝에 매달린 생선같이 꼬들하다

결코 쉬 내어주지 않을 듯 버팅 기던 까치밥은 왜 그리 애타 하던지
매달린 품속마다 우수수 설움이
쏟아진다

상수리나무 아래 뒤따라 온 바람소리 바스락 부서진다

어쩌다 우리네 어머니는 생선 대가리를 맛있다고 하셨을까

완전 가을 맛이야

벌써, 봄

붙잡고 싶었어

톡 터뜨린 눈빛마다 외마디 비명
봄. 봄. 봄

속앓이에 끙끙대던 무언가를 잊기엔 좋은 계절
강철 같은 두꺼운 벽을 깨고 나오는 어린 새싹처럼
맑은 정신으로 깨어나기 좋은 계절
번식을 위한 바람기라고 따뜻하게 온기를 전해주었지만

딱 걸렸어
남의 입술에 앉은 너의 봄
너무 유치한 변명이잖아

빨간 입술마다 묻어 난 노란 비명들
슬금슬금 엉덩이를 떼고 있잖아

나비들이 떠나가고 있잖아
아직은 봄이 아니라고
눈은 감았지만

벌써, 봄

작은 인연

다시 볼까 합니다

떠난 뒤의 그리움이 노을처럼 내려앉아
독한 외로움에 몸서리치는
봄이 시작될지라도

또다시 볼까 합니다

메마른 풀잎 끝에 매달린
서리꽃이 반짝 햇빛을 물고 떨어집니다
짧은 한 생을 살다 간 풀잎도
저리 아름다운 꽃자리를 두었건만

나는 감히 외딴섬에 두고 간 그의 사랑을
흉내 내 봅니다
어쩌면 스쳐간 인연쯤으로 생각도 안 날 테지만

시절 인연이라
만날 사람은 만난다는 뜻이겠죠

폭설

모난 계절이 오고 있다

텅 빈 캔버스에
쓸쓸한 것들의 겨울로 가득 차고

그 겨울 틀 속으로 네가 들어오던 날
난 너의 계절에 붓을 든다
아직은 마땅히 부연시킬 변명거리가 없어도
수없이 쏟아지는 폭설 어찌 다
주워 담을까

납작 엎드린 발자국
딱딱히 굳어
오래전 문 닫은 그 집 앞

멍에

가끔 둑 달구지길 에서 고향의 안부를
물으면

제 몸뚱이보다도 더 큰 눈망울을 매달고

소가 먼저
달려옵니다

아버지가 지나셨고 할아버지가
지나셨던
가난의 길은 이제는 소달구지 대신 승용 찻길이 되었지만

가난도 짐이라던 멍에는
그곳 논과 밭고랑에 설움의 두둑을 쌓았지요

고향을 떠나며 함께 떠나보낸
아버지의 누렁이 그 큰 소 눈망울이
자꾸만 나에게 멍에를 씌워옵니다

을숙도에서

지난겨울 이식해둔 부리는 그의 노래를 기억하고 있을까

햇살 업어 내린 땅거미 이슥한 강가에서 새들이 두고 간
부리마다 갈대숲 기워 봉해둔 지난 노래들

깨어난다

아슴아슴 저물던 둔치에 어둠이 내리고 흑백 필름 같은 영
상들만 추억으로 남을 때 노랫소리 더 이상 들려오지 않아

계절 지나는 길목마다 꿈을 놓아두는 저녁
가슴 시린 바람의 눈물은 어떤 이별의 흔적일까

세상 끝에 매달아 둔 하루의 이력이 외로움으로 번져
나올 때쯤
오래전 기억의 늪으로 배달된 딱딱히 굳은 안부 하나

홀로 펄럭인다

외로움도 사치라던 그 마저 놓아 버린 세상에
얼마큼의 아픔이 쌓여야 또다시 눈이 내릴까

바람새

바람새 우던 저녁은 하얀 감꽃이
폈었지요

당신 몫으로 남겨둔 그 계절은
지고 없지만
하얀 감꽃 물고 떠난 마당가에 빈자리가 그립답니다

막걸리 한잔 부어 놓은 꽃자리에
볼 빨간
단풍이 들어
문밖을 나섭니다

저녁 늦은
술 그림자 동구 밖에 비칠 때면
감꽃 먼저 길 밝혀
마중을 나섰지요

기다림은 종일
섬돌 위를 서성이다
바람새가 되어 떠납니다

언제나
당신의 술병 속에서는
바람새가 울었고
그 속사정 마다하지 않고 따라주던
술잔 안엔
감꽃이 폈었지요

주) 바람새; 바람 씨의 다른 말_바람 소리의 형태

나도 바람꽃

1)
너도 바람꽃이니

바람 뒤에 숨어 핀
영혼의 꽃

소곤소곤
숨이 깨어나는 날

또 한 번의 꽃이
생으로 와 핀다

맑은 그리움
꽁꽁 싸매 두고 님 찾아오는 길에

2)
봄은
비밀의 화원
바람의 영혼으로 고개 내밀지

바람재 쉬어 넘던 돌 틈
맘 한 자락 가지런히 숨겨두고

머물러 피지 못한
그리움
어디로 가야 하나

네가 흔들리면 나도 흔들려

3)
가만히 눈 감아 봐
두근대는 설렘 소리
듣고 있니

바람이 전하는 향기
고운 입술에
얹혔잖니

니 옆에 몸을 눕히면
눈웃음
사르르 내 가슴에 꽃을 피울까

너도 바람꽃
나도 바람꽃

꽃 피면 바람이 될까

대설 특보

앞서 간 이들은 흔적도 없고

귀 닫은 나무의 침묵과
신경을 끊어내듯 전깃줄 훑는 바람 소리

무관심의 혼돈 속

흰 폭풍의 장막 안에서
목울대가 꺾여 휘도록
소리쳤다
아무도 대답이 없다

눈길 저 편에서 손을 흔드는
싸늘한 도시여

오직 나만이 갇혀 펑펑 울고 있다

가을, 번지점프

붉은 입술이 얼마나 아찔한
유혹이었는지

노을 마중 가는 서풍에
단풍 걸렸다

바람 하나 햇빛 하나 허리에 묶어 네 가슴에 뛰어들던

나에게 온 마지막 설렘이야

절벽처럼 막아선 파란 풍경이
온 신경을 끊어낸다

목구멍에서 무언가 자꾸만 올라와 털어내던 곰팡 내음

들길 지나오는 기적소리에
쫑긋 귀 세우는

가을 번지점프

팝콘 터진다

0월의 계절

그 숲엔 눈이 내리고 있니

한 번쯤 우리들 가슴에 품었을 따스했던
희망의 숲으로
짙게 내려앉은 구름 대신 솜털 같은 그대의
따뜻한 안부가 그리운 지금은

영월에 가면 볼 수 있을까

안개꽃 아슴아슴 풀밭을 건너던 지난
시절의 소망은 다 어디로 가고

뿌리째 뽑혀 나온 덜렁거리는 관절 같은
달력 한 장 남아

붙박인 못 구멍 속에서 빠져나온
목쉰 바람소리 술잔에
고인다

열심히 바퀴를 굴리고 바람처럼 골짜기를
건너뛰어도
다가서지 못한 숲으로

도로를 횡단하는 짐덩이에 묻힌 손수레 그
늙은 세월 위로 눈이라도 내리면

그 끝엔 어떤 행복이 걸려있을까

그곳에서 너는 행복하, 니

가슴앓이

1)
이 눈발 그치면
파아란 하늘을 볼 수 있을까

어둔 하늘가
이름 없는 별이 되어 떠나버린
슬픈 별을 찾아
온 어둠을 헤집던
밤

반쪽 가슴으로 헤매던
조각달처럼

언제나 쓸쓸한
뒷모습으로 다가서던
바람의 몸짓
스쳐 지나는 하얀 바람이
서럽다

키 작은 가슴으로 못다 한
사랑이
눈발로 흩날리고

언제나 아픈 가슴으로
바라만 보는 나의
슬픔은
이제는 뒷모습이고 싶지 않다

2)
비록 가슴 한구석 멍들어
눈물로 적시는
아픔일지라도

슬픈 기억은 애써
지우려 하지 말자

먼 기억의 손끝에 매달려
동동 구르던

더러는 빗물로 흘러 이내
사라지고 마는

세월의 그림자 속에

네가 다시 돌아올 수 없듯
나 또한 저 하늘가
별이 될 수 없는 까닭에

그리움일랑 그저
가슴에
묻어둔 채로
세월을 살아가자

반쪽 가슴으로 삭이기엔
아직도 많은
날들

시퍼런 칼날로 와 부딪는
아픈
세월들이
이 밤도 눈발로 흩날린다

유리창엔 비

안부를 두고 가요

먼 하늘 그리움 하나 뚝 따다가
가을 손님방에
무심히 던져두고 가요

눈물인가 봐요
짠맛 없는
그리움의 눈물인가 봐요

그대 맘 담아 둘 수 있는
딱
그만큼의 공간에서 가을은 그리움을 두어요

창문틀을 벗어나 도망간 빗물은
가을비가 아닌 게지요

가을비는 그리움이니까요

그 집 앞

혹시 수급 자세요 라고 묻는다

동사무소 살아온 이력 좀 떼러 갔더니
아마도 이름자 꼬리표에 무료라는 뭔가 붙었나 보다

나이테를 새기듯 평생을 끌어안은
반송되지 못하는 세월
그 이력엔 이제 청춘이 없었다

다 떠나고 빈집만 남은

때로는 주인 잃은 편지가 문 앞을 서성여도 대문 옆 기둥에 붙어 있는 삭은 우편함은 손을 내밀어 받아 주질 못해

이미 들어찬 편지들이 빼꼼히 얼굴을 내밀고 손길을 기다리지만 온기를 잃은 지 이미 오래다

살피지 못하는 안부 하나 꽂혀
서성이던
그 집 앞

며칠 전 동사무소 직원이 붙여주고 간 국가유공자의 집 명패가 나를 빤히 보고 있다

홍시

아무도 들어 가 본 적 없는

통나무 숲,

내 어릴 적 이빨 자국 선명히 화석으로 굳어있는 집 뜰에는
홍시 나무가 허공 깊이 등불을 매달아두고

가끔은 월담을 해도 좋았다

등불은 언제나 내 머리 위에서 엄마의 손을 떠났던 적이 없었으므로
그리움을 곱씹느라 늘 혓바늘이 돋아

장대비 내리는 날은 우수수 떨어진 생각들이
엄마를 그리워했다

하얗게 표백된 허공에 그리움을
덧칠하니

홍시 물든다

애상

싸륵싸륵 별이 지던
마지막 능선
겨울
참호 속에서

눅눅한 그리움 가슴에
품어 안던
젊은 시절의 꿈은
무엇이었을까

이제 청춘은 다하고

여기 이렇게
홀로 남아
나에게
안부를 묻는다

가을을 살피다

호박잎 하나 들춰 들고 그 숨긴 속내를
살핀다

젊은것 늙은 것 할 것 없이 저마다 숨긴 속곳 속엔 넝쿨로
줄을 이었지만
언제나 먼저 떠나는 건 새파란 윤기 흐르던 젊은것
탯줄을 자르듯 옹이 자국 하나 남겨두고 떠난다

파랗게 떠나는 가을은 숨보다 색이 먼저 마른다
단풍은 왜 개울을 건너왔다가
산비탈 너머 늙은 산짐승 울음 따라 가야
하는지
그곳에서 불어오는 바람은 늘 우리를 아프게 하는지
그 바람은 왜 낙엽 속에 숨어 우는지

모두가 떠나고 나면
옹이 자국만 남은 늙은 호박 하나

방 아랫목에 가을을 묻어두고 산다

물안개의 아침

그녀의 가을은 몽롱하다

안개 속에 가둔 빛의 성체는 좀처럼 열리지 않고
장막 두른 무대 위 노랫소리 들려오면

알맞게 살 오른 계절은 감춰 둔 가을 옷 하나 둘 벗어
호반에 걸쳐둔다

가끔은

손을 맞잡아 주던
따뜻했던 체온 향기로 남아
물안개 오르는 아침 호숫가
벤치에 나란히 앉기도 하지만

가을 햇빛에 차이던 바람 또다시 외롭게
떠나가려나

빛의 이끌림에
한 꺼풀 벗어 내린 뽀얀 가을 아침이
해픈 웃음을 지으며 다가오면
엉금엉금 수면을 기어 넘던
물안개

그녀의 기억 속에서 들여다본
몰래 들어왔던 그리움은 오래지 않아 떠나갔다

색색으로 덧칠해진 그리움 어찌할까나
한 땀 한 땀 빛으로 채워 넣던 쓸쓸함은 어이할까나

몽롱했던 그리움을 벗고 나면
그가 오려나
물안개 걷히고 나면 꿈이
깨이려나

이슬꽃

아침 커튼을 젖히고 안개 숲에
발길을 들여요

가을 어디쯤인가 봐요
하얗게 불태운 계절이 서성거려요

온몸에 빨간 불 밝힌 단풍들도
웃고 있어요

시월의 사립 문밖 빨간 우편함에
도착하지 않은 가을 안부가 귀만 쫑긋하고 있어요

설익은 햇살 대롱대롱 매달린 그 아침
꽃들이 가을걷이에 바빠요

계절이 소란스러움을 끝내 갈 때쯤
꽃잎 하나 떨어져요

시월의 옷을 갈아입는 들길마다 눈물이
글썽거려요

그대와의 아침은 매번 처음 맞는 계절처럼
서툴러요

만지는 손끝이 심장소리에
덜컹거려요

안개 내리는 날은
이슬도 꽃이 된답니다

늦가을

마지막 잎새 뚝 떨구고도
한참을

빨간 눈물 하나 대롱 매달고 있는
홍시 나무

맑은 기억 속의 어머니는 아직도 들일에서
돌아오지 않으셨네

여전히 풍경은 맘속에 남아
골짜기를 이루고 먼 곳 산자락을 불러
세우지만

몽실한 젖무덤 내어 주던 아린
달빛 속

그리움만 등불 너머 깜빡이고 있네

목련화

그리움이 피어나는
사월의 뜨락에

어느 소녀의 설렘이 있어
탐스레 봉오리는
부풀어 오는가

산 너머 남촌에서
시집온 새아씨

시 셈하듯 달빛은
서로 다가와 입맞춤하는데

담장 너머 조그만
사월의 뜨락에

어느 날 아침 활짝 핀
소녀의 수줍은 모습을 보았다

살다가

신작로가 처음 열리던 그 날을 기억하지

첫차 한번 막차 한번
차타는 게 좋아서 장돌뱅이처럼 외지로 돌아다녔었지

살다 보니 길은 닳고 닳아
냇물에 씻겨나가고 토사에 묻혀 원래의 모습을 잃었지만

여전히 어둠 밝히던 관솔불 맘속에 있네

두고 온 것
너무도 소중해 가져오지 못한 것
청춘의 꿈들

살다 보니 아쉬워 자꾸만 돌아보지만
돌아갈 길은 있지만
보이지 않았네

자맥질하던 아이들 집으로 돌아가고
막차 기다리는 사람들은
관솔불을 켰네

투망 걸린 물고기처럼 파닥거리며
힘겹게 올라 와
술 취한 몇 사람을 내려놓고 막차는 떠났었네

내 청춘에 남아 있던 대부분의 기억들은 막차를 기다리는
관솔 향 타는 내음이었다

어쩌면
가져오지 못한 것이 아니라
가져오고 싶지 않은
청춘이었는지도 모를 일이다

어떤 부재

성긴 눈발 속

그림자를 잃어버린 겨울바람이 이른 새벽
헐거운 문풍지만 숭숭 뚫어놓고

가난한 내 잠귀를 흔들고
지나갈 때면

간간히 속울음 감추고 머리 풀고 일어서던
청솔가지 연기 속에

주저앉은 불씨를 돋우시는 어머님의
시린 뼈마디들이 흔들립니다

허기진 당신의 빈
술병들처럼

세상 밖 눈발 속에 펄럭이던 길들마저
제 신명을 다 하지 못한 채
두발 꼭꼭 묻어두고

행랑 떠난 당신은 어느 길목에
소식을 묻고 계시는지

혹은
잃어버린 유년의 대숲에서 꺼이꺼이 마른
이끼 속살 같은 울음을 울고 계시는지

남의 곡조에 춤추던 상실된 당신의 무딘 가락 위로
매양 들려오는 풍문만 어지럽습니다

가벼운 아침 바람에도 들녘은
자신의 형상으로 서지 못하고

세간에 눈만 푹푹 빠지는 당신의 빈
그림자들 위로

가끔씩 찾아드는 철새의 서글픈 눈들이
온종일 메마른 풀숲만 뒤적이다가
떠나갑니다

열꽃

인생 아홉 구비를 지나야 만난다 는

열꽃

첫 구절을 이렇게 놓고 싶었나 보다
노란 은행잎 무덤 위에

한때는 고왔을 동글동글 이쁜 세월들 다 놓아두고

주춤 물러나던 가을 단풍
열꽃 매달았네

허름한 웃음 자락 하나 단단히
동여맨 등치에
꾸벅꾸벅 졸고 있는 늦가을 햇살 그림자

그 매단 세월이 무거워
땅으로 눕는다

저만치서 해 질 녘 손수레 하나 다가와
빗질을 한다

웃음꽃 대신 열꽃을 잔뜩 매달고서

외줄 타는 새들

저 기적처럼 파닥이는 손가락 사이의 날갯짓 좀 봐
새들은 외줄 타기를 좋아한다

언젠간 썩어 동강 날줄 알면서도 지푸라기를 꼬아 외줄을 만들고
가끔은 집을 걸어두기도 하지만

하늘 연못에 내려와
큰 두레박에 세월을 길어 올릴 때면
노쇠한 늙은 나무들
가지 끝 새들에게 내어주고 땅으로 눕는 계절이 올지도 몰라

제 몸 새끼줄로 칭칭 감아 수액을 꼽고
한 계절을 버텨보지만
텅 빈 몸속
지푸라기로 가득 채울 날이 곧 올 것이란 걸 알고 있지

바지랑대 높이 올릴수록 바람만 잔뜩 품어 흐느적거리는 옷가지들이
비명처럼 토해내던 어느 집 세간살이들처럼

흘린
귀를 줍고 다니는 새들 있다던데
가끔씩 풍문으로 들려오던 그들의 안부가 궁금해

외줄 타는 새들이 계절을 지나고 있어

분꽃, 가을에 두다

분홍
가을바람 거리에 찰랑인다

불 켜진 창 너머 치켜세운 꽃대궁
훌훌 벗어던진 가식의 거리

밤마실 다녀오던
입술마다 진득이 묻어오던 소독 내음들

발길에 차일 만큼 허름한 길옆 가장자리에 앉았거나
혹은
간절기 돌담 밑에 뿌리를 두었거나

분꽃 집은
아침이면 문을 닫는다

녹색 울타리 가득 꽂아 두었던
정염의 꽃

화분마다 집을 지어
분가를 하던 가을바람

분꽃은 낮 동안 꽃대궁을 키우고 바람 곁에서 화장을 한다

분꽃 핀다
분홍 바람 문득 가을을 포장한다

은하수

더 큰 폭우가 오기 전에 강을 건너야 해
사람들은 분주히 나루터로 향해갔다

그곳엔 꿈이 있었지
하얀 안개비 내리던 오솔길 따라

별나라 가는 사람들
달나라 가는 사람들

폭우가 내리고
산사태로 끊어진 숲 속 길은 작은 수로가 되어 세상 이곳저곳을 떠다녔다

범람하듯 꿈을 좇아 건넜던
이상과 현실의 경계를 넘어

안개 속에서 살아남은 하얀 꽃들이
불 밝혀 돌아오는 길

한때나마 이곳의 주인이었던 그들,
기억 잃은 산짐승들이 좌초한 뱃머리에 앉아 세상을 건너다 본다

바람 이는 물결마다 별이 뜨고 달이 뜨지만
나뭇가지 앉은 새들은 더 이상 별을 그리워하지 않는다

바람의 노래

풀이 눕는 건
그리움 때문이라지

멀리서 파도 타고 오는 저
바람 탓이라지

구름 밀려 난 햇빛자리
출렁이는 세상 등살에

꽃이라고 다
날개 돋는 건 아닌가 봐

안녕
손 흔들던 꽃잎 속에 계절이 지고 있어

네발 달린 세상 등 목 타고
동네 한 바퀴 돌고 온

어쩌면 우린 풀숲에 숨어 울던
바람의 영혼 인지도 몰라

슬그머니 꽃에 기대
풀숲으로 눕던 그리움은

마중 나간 세월 어딘가에 마음 자락
다 풀어놓고

어느 길가 또 다른 계절의 꽃을 붙들고 있을까

옷걸이는 누가 걸어주나

그는 구석진 곳에 우두커니 서있다

비록 초라한
기둥 하나 세우지 못한 가장이지만

한 생을 다해 쌓아 올린 이름 하나 달랑 매달고 살아가지만

때때로

버거운 옷가지 하나 걸치는 날이면
온 힘 다해 매달려있던
손아귀도
그만 놓아두고 싶은 날도 있었지만

그래도
뼈마디 시린 계절이 다가오면
묵직한 설움이
통곡하듯
달랑거리던 자존심 위로
살찐 하루가 내어 걸린다

삶에도 수평이 맞아야 모난 것이 없듯이
양쪽 어깨 힘주어 치켜세운
그 자존심 하난 세워주고 싶어

평생 남의 삶으로 살다가
죽긴 싫지만
죽을힘을 다해 오늘도 남의 옷 속에서 뼈대를 세워주고 있다

가을 전시회

초대장을 보내드려요

작품명은
마지막 잎새의 꿈이랍니다

오늘 하루만도 수백 수천의 붓이 이 한 장의 그림을
그리기 위해 서쪽으로 난 작은 창문으로 들어갔어요

말라가는 색색의 햇빛을 팔레트에 담아 생기 잃어가는
나뭇잎에 붓질을 해요

세월이 풍경으로 앉았어요
만지면 바스락거리는 세월이 나뭇잎에 앉았어요
종내(終乃)는 하나의 꿈으로 매달렸지만 어지러운
바람소리만 남았어요

구름 머물다간 낮은 계곡 아래 빨갛게 정분 난 잎들이 땅에
누워있어요
문득 허전한 옆자리의 바람이 차가워요

여전히
가을은 미완성의 작품으로 걸려있어요

가을 둥지로 떠나 간

텅 빈
하늘 마당에
가을이 가득 들어 오 던 날
하얀
여름날의 매미소리
날개를 접었다네

떼창에
길들여진 한낮의
숲은 어디 잠재워두고
익숙한 듯
낯선 구월의 툇마루에 나앉았는가

타박타박 고갯길을 넘어 이고 지고 오던
가을 보따리
행랑 떠난 나뭇등걸에 걸어두고
단단히 닫아 두었던 허물 속
빗장을 튼다

가을은 그런 곳이다
모두의 둥지 속이다

늦은 밤
툇마루에 나 앉아
홀로 듣고 홀로 부르는 고즈넉함
같은 것

오래된 집

유물처럼 전해 오는 사람의 흔적 그리운
집이 있습니다

오래전 놓았을 주춧돌
세월을 이기지 못해 낙숫물에 깊이 파인
흔적 하나 고스란히 품고 있습니다

그 집 뒤뜰엔
아이가 감을 따고
어매가 텃밭을 일구는 정겨운 모습도
있습니다

일그러진 대문밖엔
앞산 할배 무덤을 바라보고 앉아 계신
할매 모습도 있습니다

산마을 아래 신작로 길을
경운기 소리 통통통
술 취해 비틀거리는 당신의 모습도 있습니다

오래된 유물 같은 집엔 아무도 살고 있지
않습니다

겨울나무여

이제 죽음의 피막을 벗고
저 날 푸른 들판에 서자

젊은 날 마른 풀뿌리로 부대끼던
삶의 여울에서

고통의 붉은 피 쏟아내던
내 몸속 삶의 기로에서

이제 가난한 꿈 접어두고
저 날 푸른 들판에 서자

홀씨로 떠다니던
우리 외로운 그림자들

이제 작은 눈 틔우고
환한 봄날로 동행을 하자

어디선가 봄의 물꼬 트는
소리가 들려온다

목백일홍 그리움에 물들다

붉다
긴 기다림이

오래 두고 본 그리움으로
가을 여백에 그려 넣은 빈터

노래 한 소절
공명의 울림으로 되돌아 나올 동안
꾹꾹 눌러쓴 연서
그리움이

붉다

배롱나무 가지 끝 빨간 새들이 매달린다
천년의 약속을 두고 떠나가지 못하는 새들

살다 살다
붉게 타오르는 꽃봉오리
세월은 쌓여 바람에 머문다
고깔모자 살포시 눌러쓰고
보여주지 못한 감춰진 마음 하나씩 꺼내놓는다
붉게 타오르는 마음

표절한다

날개를 접고 또다시 천년의 기다림을 준비하는 꽃잎
까칠해져 가는 세월의 무게가 만만치만은 않아
배롱나무 키 큰 가지 끝에 그리움을 매단다
기다림의 깃발 붉게 펄럭인다

붉은 석양이 꽃잎에 진다

폴라로이드로 그린 풍경

집을 짓다가

몇 날 며칠을 허물고 새로 짓다가 오늘은 그 곁에 나란히
앉아 보기로 했어요

지난 우기철에 둥둥 떠다니던 달팽이관이 곁에 와
풍금소리를 들려줘요

무심코 던진 파문이
호수에 내려앉은 그리움인 듯 산자락이 출렁거려요

풍금소리가 풍경에 닿아 되돌아온 풍경風磬소리로 매달렸어
요

바람에 흩어지는 시간들
아슴아슴 그리움 속에 저무는 계절을 바라보다

불현듯 그대 품에도 버리지 못한 큰 강이 흐르고 있다고
여기며 달려왔지요

노란 나뭇가지엔 노란 강이
빨간 나뭇가지엔 빨간 강이

박제된 가을 하나 여태껏
놓아주지 못하고

구부러진 늙은 가슴팍에 품고 가는

11월, 플라타너스 나무 아래

이 계절은 삶과 죽음의 혼돈이다

큰 이파리 사이 행간의 슬픔을 읽지 못하고 세상 건너 간 이별의 빨간 단풍

어김없이 계절은 서쪽으로 몰려가고 노랗게 물든 마음들이 길을 나서기 바쁘게 가을 잎 먼저 툭 떨어진다

널찍한 강보에 쌓여 허공에 툭 떨어진 노란 열매는 자주 운동장에서 홀로 뒹굴었다

오래된 서랍을 열고 잠자던 일기장을 꺼내 그날의 곱던 햇빛과 바람과 머리칼 날리던 옆자리의 그녀를 만난다

남자에게도 상실의 계절이 있다면 간이역의 그 삐걱대던 판자 집 같은 것 아닐까

살면서 살펴야 할 것들이 많다 파란색 노즐을 들것인지 빨간색 노즐을 들것인지
새들도 자기 몸무게를 지탱할 수 있는 나뭇가지를 골라 앉는다

가을이 부서진다 노랗게 노랗게 샛노란 그리움만 남겨두고 바람 속에 운다

다섯 시 방향 출구를 알리는 하루의 마감 소리들

그 품에 보듬어 주지도 못할 노년의 세월이 모여드는 곳

달처럼 벌거벗고

한낮의 몸치장을 버리고
이제 밤으로 와
누워라

온갖 세상의 부름 소리
귀 닫고 눈 감은
침묵의 숲으로
이제 돌아와 마음속에 떠도는
한낮의 소리 들어라

속절없이 가둔 눈물
젖은 달빛들
와르르 술잔에 쏟아진다

습관처럼 굴렁쇠를 굴리며
높은 담장을 기웃대던
젊은 날의 치기들

바람난 여자의 방에서 바라보던
화려한 도시의 거리
아스팔트

눌리고 찢기고 벗겨지는
가식의 거리로 랩 음악이 흐른다

폐경기의 가을
중심 잃은 발자국을 지우며
가슴은 가슴대로 뿔뿔이 흩어져
저마다의 빗장을 닫아두고
더 이상 채울 수 없는 생애의 독을
묻는다

이제 감출 것 더는 없어라
달처럼 벌거벗고 들어 와 눕는
술잔에

소쩍새, 그리움의 끝에 서서

이제 울어나 보렴

꽃피는 고갯길에 파랗게
넘고 넘어

밟히는 유리조각 같은
슬픔 위에
햇살 쏟아지는 웃음으로

이제 울어나 보렴

죽음이 슬픔은 아닐 진데
떠나고 나면

네 아픈 봄 꽃자리
빗물 고이는
고개 너머 그곳이 그리움의
끝일지라도.

바다 건너 숲에 이르면
이슬이 되고

나뭇가지에 앉으면 새가 되는
기다림으로
살게 될 지라도

조각 맞추기

우리 한때는
서투른 어른 흉내를 잘도 냈었지
구름들 겹겹이 몰려들던
저녁노을
그 그리움의 끝에 서서

이제는 하나 둘 세월과 함께
남이 되어 간 유년의
조각들은

이미 어른이 되었거나
어쩌면 영원히 맞추지 못할
그리움의 조각 하나씩
껴안고
세월을 잊고 있는지

잊고 살아간다는 건
질척이는 빗물 바닥 같은 추억의
끈끈한 세월을 묻혀내는
닳고 닳아 빠진 신발 한 귀퉁이
돌아보는 것

그 속에 숨어 마음 한 조각 감춰버린
그녀를 기다리는 것

사라지는 것에 대한 그리움
(수몰마을을 지나며)

(1)
아득히 갈앉은 내 유년의 텃밭에도
지금 첫눈은 내리는지

당감나무 그늘 아래 가댁질하던 아이들
지금도 꼭꼭 머리카락 숨겨두고
술래를 기다리는지

줄 끊긴 가오리연 날아오르던 하늘
오오 그 하늘

긴 허리 굽혀 수심 깊이 자맥질하던
햇살도 끝내
비추이지 못하는 푸른 기억의 끝

혹은 그리움의 편린들이
잃어버린 연줄을 찾아 헤집던 굽이굽이

더 이상 자라지 못한 고목들이
야윈 가지 끝으로 수면 위 손수건을 흔든다

더러는 낡은 사진 속 꿈꾸는 수면의
높이만큼
더 낮게 갈앉는 그리움의 침묵

손때 묻은 물이랑 속으로
긴 낚싯줄을 던지는 날이면

바삭바삭 마른 가슴 무너지던
오 그리움이여

얼마큼의 풍설이 더 지나고서야
칼날 같은 그리움이 무디어 질련지······.

(2)
늦장 파하는 소리 들려야 어둡잔은 술 그림자로
취해 돌아오시던 당신

그 해도 차마 인정을 끊을 수 없다 하여
팔러 간 소 고삐 놓지 못하고
날 저물어 돌아오시던 고샅길 둔턱

당감나무 잎사귀 다 떨어지고도
한동안 허공중에 버팅 기던 까치밥은
왜 그리 애타게 하던지

유년에 들려주셨던 그 옛날 얘기들은
어느 곳 질화로에 묻혀 이끼를 피우고 있을까

아니면
새로운 세상에서 또 다른 아이들을 위해
얘기를 풀어내고 계실까

불면의 오후

새삼스레 흘리는 눈물은 또 무엇인가
비워진 창 너머로
쾌청한 바람 줄기 나무 끝을 흔들며
지나간다

무심히…….
아직 살아 흐느끼는 가슴에
찍어대는 벌목공의 쇠붙이
소리들

눈뜬 벌판에 화들짝 놀란
햇살을 물고
새들이 떨어져 내린다

벌목당한 오후
집 잃은 새들의 행진이
맑은 유리창에 부딪혀 되돌아
올 때까지

쓰러진 나무들은
잎을 거두지 못한 채
줄곧
세간의 낯 설움에 메말라 갔다

울음을 상실한
지상에서
지친 삶의 모퉁이들에서
유배된 새들의 벌목된 가슴마다
일어서는

한낮의 푸른 고독은
시퍼런 강물 속 깊이만큼
빗장을 질러두고

오래오래 침잠하던 불면의 오후

시월애(愛)1

온전한 달덩이 하나가
창을 비집고
내게로 들어와 앉는다

내 머릿속에는 너를
해부할
그 어떤 수식어도 없이
가슴은 벌써 너를
품는다

나뭇가지 끝에 매달려
관조하듯
나를 바라보던 그 계절도
의미 없는
쓸쓸함이라

지나간 세월이 그러하듯
삶 또한 잊혀져
가는 것

갈증에 목마른 듯
달린다
바람보다도 더 가볍게
이별을 한다

계절에 묻혀 간다

그리움의 덫

등줄기 타고 흐르던
전율은
그대 몸속 깊이 침잠하던
그리움의 덫이었다

그대로 인해
나는 또 하루의 아픈 기다림을
생채기 돋는
올가미 속으로 들여보낸다

마주하고 선 눈빛마다
보고픔 가득한데

몇 날 며칠을 삭이고 삭여
우려낸 그리움의 빛깔
넘치듯
속 울림 한다

그대 몸속에 잠겨
기꺼이 덫으로 옭아매는

그리움
이라는 거

장미의 계절

아침
담장을 타고 오르던
숫기 잃은 바람
한 줄기

커피 한잔의 사이로
마주한
진한 그리움을
보듬는다

푸른 옷 속에 숨어 핀
정열의 장미향
그대
가슴속에

욕망보다도 진한 그리움을
풀어두고
아파한다
사랑을 한다

넝쿨 되어
서로의 가시에 찔리며
아파한다

그리워한다

코스모스

가을맞이
가는
시월에는 이쁜 코스모스
봤으면 좋겠다

유년의
싸리문 밀치면 토담 옆에
고개 먼저 내밀어 주던

코스모스

내 연륜의 등줄기 휘어 꽃꽂이
몸 세우지 못해도

키 낮혀 눈 맞춰주던
꿈 많던
유년의 세월이 흔들리고 있는
시월

그리고
코스모스 길

포구에서

돌아오지 않았네,
길은 저물고
그대 꿈을 밟고 일어서는
뻘밭을 지나
저기 저 기슭 난간에
봄을 하직하는
꽃잎들이 비에 젖고 있다

집 나간 누이의 골방에서
풍금을 울리던 갯벌 바람은
꽃잎 다 지고도 떠날 줄 모르는
이방인의 밤

그대 상심한 바다 건너간
먼 하늘의 새떼들이
삶에 지친 만신창이의 모습으로
더러는 거물에 걸려
돌아오기도 했었다

기다림은
종일을 서성여도 그대 지나간 바람일 뿐

포구 깊은 마을까지 물 떼를 몰고 온
바람들이
헹구고 지나간 자리는
온통 어지러운 발자국들

먼 포구 쪽에 귀 기울이는
저녁 깊은 마을들이
가파른 꿈을 엮어 올릴 때쯤

아직 돌아오지 않은 사람들이
막연히,
정박한 어선처럼
바람에 흔들리고 있었다

유배된 새들의 마을에서 1

고사목 빈 가지 위에
우울한 날의
햇살 미끄러진다

제 목소리를 갖지 못한 채
웃자란 날갯죽지로
유희를 즐기는
바람의 유혹 더욱 세찬데

표절당한 가슴속 지탱하던
황량한 들판
홀로 버팅 기던 세상은
안개 낀 방죽처럼 어설프고

놓지 못한 끈 하나 목울대 칭칭 감아
울어도
속살 도려낸 빈 가슴으로
더 이상 채울 수 없는
거세당한 이름의 혼돈
사방에 눈발 날린다

눈물 데리고 살아온 삶의 찌꺼기
몸속 다 걸려내고
가벼운 새하나 하늘 높이 놓아
보낸 날

무거운 가지 비로소
짐을 털고 하늘을 떠난다

햇살 미끄러지는 우울한 날
잊었던 이름으로 찾아온 저녁 눈발
고사목
빈 가지 위에

소래포구

초저녁 꿈속으로 몰려와
젖은 목청
돋우던 굵은 바람소리

냉랭한 가슴으로 그리움을 앓는
포구마다
등불은 속살 깊이
푸른 깃을 돋운다

아득한 물이랑 너머 실려 돌아오는
지친 하늘이
서걱대는
선잠을 깨우는 새벽녘

더러는 바다로 떠나고
더러는
절뚝이는 세상에 묻혀
한세월
그럭저럭 살아간다지만

염전 소금기처럼 반짝이는
포구의 아침은
또 다른 낯선
출항을 기다리고

벽돌 같은 가슴팍에 담아오는
몇 마리
아침의 생선들은
생채기 돋우는 어부의 내력

개펄 내음 진득이
세상 밖으로 묻어날 때면
가슴 꼭꼭 걸어 닫고
포말 속에 엎어지던
선착장에

까칠한 비늘 돋은 몸을 해풍에 씻어
말리는 아이들뿐

여백만큼만

어린이들이 놀고 간 놀이터에
밤새워 하얀 눈이 소복이
내려앉았습니다

커서는 기억도 못할
무수한 발자국들을 남기고

우리는 어디로 가고 있는지
혹은
어떤 길로 되돌아왔는지

기억은
추억뿐인 눈덩이에 묻혀
하얗게 하얗게 여백으로
남습니다

그 시절 빛나던 세월만큼만
오늘을 있게 해달라고
빌어 봅니다

작은 가슴에 꼭꼭
채울 수 있는 어린 꿈들을
되돌려 달라고 빌어봅니다

이만큼의 거리에서 꼭
여백만큼만
한 번 더 사랑하게 해 달라고
그 사랑만큼
내 가슴 들뜨게 해 달라고

어린이들이
놀고 간 놀이터에
그들이 커서는 기억도 못할
발자국을 지우며
눈이 내립니다

유배된 새들의 마을에서 2

지나간
겨울 속에 묻혀버린 쓸쓸한
들판이

그들의 앙상한 기억 속에서 가끔씩
내다보는 바깥세상은
온통 시비 투성이다

마지막 꿈을
일으키던 밤이 언제인 듯
알 수 없어도

바람이 불어오면
등지고 선 가슴마다
미친 듯이 자라나던 삶의 수초들

싸구려 분내를 풍기며 가볍게 입 맞추고
가볍게 돌아서서 산란하는
등빛 푸른 세상의 거리들

오직 광기 하나로 씨앗을 뿌리던
내 오랜 꿈의 들판에

푸른 갈대들 물결처럼 흔들려
내 생애 어디쯤 고갯길을
꺾고 있는지

꿈의 사다리를 놓친 새들이 더 이상
떠오르지 않는다

비의 초상

밤마다 결리는
시린 가슴속 계곡을 지나
나목 숲으로만
달려가던 먹장구름들이

드디어 토해내는 순수의
주검들 앞에
화음을 이루지 못하고
땅으로 눕는
지상의 노래들아

혼탁한 세상의 정수리로
꽂히던
천둥의 빗살 아래
빳빳이 고개를 치켜든
푸른 지폐의 천국

이 질곡의 늪에 빠져
귀먹은 내
육신을
잡아당기며 달려오던
너희 흰 마음의
소리들은

끝내 줄기를 이루지 못하고
주검으로 눕던
찬란한
무지개 빛이여

쑥국새 우는 밤에

해 질 녘 하늘로 간
새 한 마리 있었네

곱사등에 멍에 진 참모습
벗어 두고
밝은 날 하직할
언약도 없이
마침내 상처 푸른 깊은 강을
건넜네

해무리 차고 오르던
광기도 없이
들판 가득 엎드린
푸른 깃털 남겨두고
막다른 허상만 쫓던 춤추는 새들은
어디로 갔는가

아름다운 세월 다 지나도록
눈물을
배우지 못한
담장 높은 집안에서

몇 겹 투명 망사로 내다본
아름다운 들판이
이토록 손 시린 세상의
문 밖인 것을

꽃잎 다진 해 짧은 날
천날을 살아
하루의 변심을 이기지 못한
새들이

제 빛깔을 물고
떠나던 날
산에 산에 쑥 꾸기
황토 엎어진 민둥산
생가슴 떠나가던 아득한 소리

아버지의 허수아비

햇살들이 부서져 내리고

그 들녘 위로 달려오던 밤바람 소리에
작은 울타리를 지키던 그마저
먼 귀를 움츠리고

스스로 버린 그곳의 논두렁길
가슴들이 무너져 내리고 있었다

가을의 슬픈 몸짓들은 이 세상
가장 낮은 곳
아버지의 땅으로 몸을 뉘이고

서걱대는 선잠들이 모여 앉아
황 촛불에 시름 앓던 가난한 땅
저 뒤편에 서성이는 세월의 무덤가에

한잔 술을 따르던 가슴 아픈
삶의 뒷모습들

이삭 줍던 늙은 손길은 산자락에 잠들고
대처로 떠났던 불효자식
빈 몸으로 돌아서던 선산으로 향한
황톳길

그 길 걸음마다 타박타박 묻어나던
아버지의 하늘 그림자

아아!
해일처럼 휘돌아 감기는
내 가슴속 또 다른 배반의 함성
춤의 소리여

날지 않는 새를 위하여

비가 내린다 아아
가지 마

네 좋았던 하늘바다
깊숙이 상처 안은 그곳일랑
이제 가지 마

비가 내린다

등을
보이지 마
세상이 아무리 둥글다 해도

가슴은
더욱 위험해

한 덩이 납으로 겨냥하는
삶의 허울 앞에

때로는 모로 눕는 법도
배워야 해

바지랑대 하늘 높이 오를수록
네 날갯짓이 덧없음을

비 내리는 가을날엔
이별을
준비하지 마

아직도 세상엔
따스한 가슴들이 너무나 많아

그리움이 있던 자리

모퉁이 돌아서면
거기
있을 것 같아
바람을 안고 뛰었네

너를 만난 숱한
날들을
접고 접어 빈 가슴 빈 세월로
달려갔네

그곳엔 벌써 하루가
지고 있었네

기다림

오지 않을 약속에 대한
기다림 끝에

계절은
지고 말아

시월을
보내고 말아

또 이렇게 생채기로 남은
내 하루가

켜켜이
쌓이고 말아

그리워하고
그리워하고

생기 잃은 모습으로
긴 기다림을 한 계절 속에 묻고 말아

시월을 또 그렇게
보내고 말아..

가을을 위한 기도

한 시절 다했노라고
창백한 모습으로
바람 앞에 서있는 저
계절을 위해

행여 빈손으로 돌아가는
가을 꽃잎일지라도
그들의 뒷모습 쓸쓸치 않게
좋은 씨앗 하나 거두어 주소서

혹여 오만한 자존심으로
고개 숙이지 못하는
푸른 열매들일랑
따스한 햇빛 한 자락 남겨 주소서

도회지 구석구석
싸늘히 식혀가는 달빛 속에
꼭꼭 채운 마음의 열쇠를 열어 주시어
넉넉히 베푸는 정을 주시고

윈도 진열장
마네킹의 화사한 겉치레보다는
가을 들녘
허수아비의 겸허함을 배우게 하소서

세월이 흐를수록 비어만가는
허전한 마음속
그 빈터에
유년시절 추석빔으로 받아 신던
검정고무신에 묻어나던
애틋한 동심을 채워 주소서

그리하여 풍성한 정으로
가을 곡간을
가득가득 채우게 하소서

가을날엔

가을날엔 가을꽃이 되리
어느 특별한 날에 외출을 위한 몸치장을
하지 않아도 좋을 들국화, 코스모스
이런 수더분한 얼굴들과
마지막엔 낙엽의 빛깔을 닮으리

내 떠나는 그곳, 거기 길이 없어도
사방에 들꽃 같은 가난함으로
편히 발 뻗을 수 있는 곳이라면
시방 눈발이 몰려와 내 뼛속까지 삭여 없앤들
그래서 가을날의 한 줌 재로 남은들

한 뼘씩 키를 세우던 허수아비의 꿈은
새가 되어 떠나는 것

그리운 빛깔들 흩어져간 빈들에
밋밋한 가슴 잉걸 잉걸 온 밤을 다 태워도
허수아비의 춤을 다 배워버린 새들은
다시 돌아오지 않고

가을날엔 가을꽃이 되리
어느 특별한 날에 마지막 외출을 위한
몸치장을 하지 않아도 좋을

추수 끝난 빈들에 홀로 선 가난한 빛깔들이여
내 다시 그들의 춤을 추리라
마지막엔 춤을 추리라

돌담길

그 길
끝에서
이별을 말하네

천년을 두고 핀 이끼 꽃
마주 본 세월이 또다시 천년인데

친숙한 그리움 옆에 앉았네
봉선화가 피었네
기댄 머리카락 속에서 봄이 피어났었네

계절을 여윈
돌담은
길을 걸어가는 그의 뒷모습만 쓸쓸히 바라보네
이내 범람하듯 넘쳐흐르던 외로움
가슴에 둑을 허무네

귀퉁이로 몰려다니는 낙엽
눈물을 흘리네
구멍 난 가슴 숭숭 바람이 드나드는
돌담 속에 가을이 꽂혀 우네

뿌옇게 시야를 흐린 눈이 내려도
곱지만은 않아
뒤돌아보면 시리도록 하얀 발자국만 선명히 남아

사계절을 보내 두고도
그의 부재는 여전히 돌담에 기댄 우울한 하루였네

불면기 1

돌밭에
돌밭에
삽날 지나간 돌밭에

어느 고샅길 마중 나가
메마른 가슴 난도질당하고 돌아온
불빛 주저앉은 길바닥

술 취한 당신은
아직도 먼 시간여행에 돌아오지 않고
하얀 감꽃 고개 떨구는 마당 끝
잃어버린 기억을 줍고 계신 건지

어쩌자고 천둥은 저리 울어대는가

마른 삭정이 불지 펴
타는 황톳길
벼랑 쫓는 메아리 뻐꾹뻐꾹

마른 어둠 내리는 날 촉촉한
울음소리
돌밭에 돌밭에 뿌리내리는
서툰 몸부림의 울음소리

엿보다

초록에 초록을 엿보다가 간을 본다
무슨 맛일까

파도에 밀려던 염전 바닥에
짠내 나는 햇빛이 달궈지고 있다

적당히 엉켜 붙은 살집과 뼈다귀들이
맛있게 익어가는 가스레인지
그녀는 외출 중이다

황색 점멸 신호등
위태롭게 깜빡이는 사거리 한복판
골목길 빠져나온 샛바람들이 뒤엉킨 농성현장을 지나

잠시 소강상태인
매미들의 떼창
분명 여름은 지나가고 있는 걸 꺼야

보행의 시간

길고 긴 장마의 꼬리가 보인다
양식장에 풀어 논 장어 떼처럼 푸덕거리는
그 꼬리는
힘의 상징이다

성난 물줄기를 끌고 세상을 휘젓는 건
바람의 역할이다
세상 밖으로 난 출입문은 손잡이가 없어
다시 돌아오지 못한다
바람은 역마살이다

물기 젖어 번들거리는 장어 떼
수초 뿌리 깊은 자궁 속 산란을 한다

키가 한 뼘은 더 자라
세상 밖으로 목을 길게 늘이게 될 때까지
장맛비는 자궁 속 양수를 채워 줄 것이다

바람이 역마살의 멍에를 벗고 수초 위에 앉는다
흙탕물이 걷힌 강바닥에
힘센 장어들이 숨죽이고 쳐다본다

장마가 지나고 나면 모두는 떠나갈 것이다
수문을 지나 새로운 세상으로 방생의 길을 떠날 것이다

미끼낚시

아침이 어둡다

놀라운 식성을 가진 그의 앞에 서면 식탁은 늘 철판을 두른 철면피가 된다

초감각의 더듬이로 어둠 속 속살을 찾아 들어올 때면
화들짝 놀란 물고기들 얼굴부터 숨긴다

바위틈, 서쪽 하늘에서 습기를 묻어온 바람이 매끄러운 손으로 더듬어 든다

눈을 감고도 떨치지 못한 식탐은
승천하는 구름 속에 날아올라
활짝 몸을 연다

밝은 아침 식탁 위에 누워 검게 탄 제 몸의 비늘을
벗어내고 있다

빗물은 젖으며 운다

나란히 걷던 그리움 하나
멀어져 간다

젖어 운다는 건
아픈 숨 고르는 일
온몸으로 그리움을 삭여 내뱉는 일

바람이 없는 날에도
꽃은 비에 젖어
마음이 흔들리면 눈물이 날까 봐
울지 못하는 가슴아

빗방울 하나 둘 세다가
놓쳐버린 그리움에
빗속 너머로 사라져 간
사람아

하얗게 젖은 민들레 홀씨 너도
이별하고 있구나

그리운 이별

머물러있을걸
흔적이
아파하더라도 좀 더 머물러있을걸

세월 지나 장독대에 작약꽃 피었더니
슬픈 바람과
애닳은
가을만 내려앉았네

품다 만 이별도
강가에 내리던 별빛도
돌담 속에 숨겨둔 가을 꽃자리
흔적뿐이라

하늘 지나던 그리움 하나 강물에 띄워둔
꽃잎 진자리
바람에 떠밀려온 추억만
못내 출렁인다

또다시
푸른 꽃 지는 계절이 오면
이제 그만 그 곁에 잠들고 싶다

코스모스

가을은 몽유병이다

흔들흔들
건망증을 매달고 걸어 다니는
잊힌 계절이다

허공 높이 바람개비를 치켜든
코스모스는 cosmos*를 그리는가

가을바람은
가출 중이다

돌아갈 수 없는 저 미지의 그리움
가을은 질주하고
나는 머무는가

달빛 내리는 강가
마중 나선 목 긴 코스모스
시름 깊도록 돌아오지 않고

산 노루 눈빛 닮은 순수의 눈망울로
기다림을 이어가는
cosmos*

그리움만큼이나 가늘어진
몸짓으로
오늘도 돌아오지 않는 모스 부호를 두드리고 있다

주 *) 우주: 질서와 조화, 체계가 있는.

정류장에 우두커니

오늘은 좀 더 멀리까지 가보기로 했어

아무도 지나가지 않는 버스 정류장에 늙으신 노모랑 앉아
바람 지나는 길을 바라보네

지금쯤 그곳에도 늦게 온 가을 손님
기다리고 있겠지

길을 재촉하던 지팡이 끝에 매달린 세월이 구부정한 허리를
펴고 일어선다

밟히는 낙엽이 바스락바스락 운다
나만 두고 가지 말라고

건너편 지붕 위에 햇살 매달아 둔 첨탑 아슬하다

가을이 위태롭다

연못가에서

가을이 상심했던가봐

문득
견인차에 이끌려간 상실된 하루의 그 일이 자꾸만 생각나

이 가을 잠시 머물렀던 흔적 하나를 싹 지우고 갔다니
신발 끈을 묶다가 갈 곳이 없다는 걸 비로소 깨달았어

연못은 들여다보는 사람 마음만큼
쑥쑥 자라난다는데
가을꽃들이 색색으로 서로를 닮아 피고 있어

괜스레 꽃들에게 이름을 불러주고 너스레를 떨다가 맘까지 준
하루

벤치에 등을 기댄
마스크의 그와는 서로가 서먹한 거리를 두고 앉았지만

비둘기
한 마리 홀로 하루의 반을 넘기지 못하고 길에 멈춰 서 있어
지나던 사람들 다가가 아픔을 어루만져보지만

비둘기가 기댄 가을 자리
햇빛만 와르르 무너지고 있었어

어떤 이별

홀로

떨어져 걸었다

오래도록 지분거리며 따라다니던
매미 울음 발길 끊기니
목백일홍 지나 온 길이 낮술에 붉다

과자 선물세트 같은 그대와의 하루를 실은
버스가
정류소를 지나쳐간다

그대는 가을을 재촉하듯 바삐 떠났었고
나는 무심히 서서
떨어져 내리는 햇살을 본다

톡톡

터지는 밤송이 세상 처음 구경 나섰던
그날

온몸에 비가 스며들어 뼈마디가
덜컹거리던

그날 밤
꽃은 지고

붉은 물 뚝뚝 떨어지는
가을이 지던

어떤
이별 자리

롤러코스터를 그리다

월미도 연안에는 롤러코스터가 있다

하늘 지나는
바다열차 따라 폐경기의 가을이 붉게 타오르면

썰물 나간
연안에 기대 먼 바다를 바라보는 늙어가는 세월이 있다

정류소에 앉아 안부를 기다리는 늦은 저녁
철거예정 표지가 덜렁거리는 그곳에 버스는 더 이상 오지 않고

바람 스치는 길거리 화려한 조명은 우리가 흘린 지난날의
시계바늘만큼이나 길게 그림자를 만든다

굴곡진 연안 따라 그려놓은 롤러코스트
갯벌 같은 바다를 이끌고 내 생에 들어선다

철컥철컥 겨워내는 속앓이
어찌 다 품고 갈까

부디 내 인생 놀이에 장단 맞추지 마소

흑심을 품다

말속에도 뼈가 있다 했었지

흑심을 품다가 뱉어낸 뼈한 조각 뱉기도 전에 잘렸네

수직으로 내려진 밧줄, 깊이를 가늠할 수 없는 어두운 동굴 아래 곡선을 그리다가 직선으로 잘려나간 물컹한 뼈들, 뼈는 뼈째 씹어야 달콤한 말이 된다던

뼈의 문장들,

엘리베이터 문이 열리고 지상으로 내려앉은 통 큰 유리창에 비친 굴절된 가을 문장
몇 번의 발길질에 후드득 남아있던 온기마저 떨어뜨린다
뭉텅한 흑심이 빠져 나간 결 따라 뼈의 무덤이 열린다

성급히 물어 온 겨울 소식 차갑게 떨구고
계절 건너던 저 새들
뭉텅뭉텅 잘려나간 뼈의 구절句節을 타고 넘는다

뾰족한 흑심을 드러내게 하는 건 날 선 칼날이다

뼈의 무덤을 지키는 얇은 귀들 나뭇가지 끝에 팔랑 인다

주) 흑심* / 연필심
뼈* / 심

바닷가 베란다 풍경

눈뜬 동그란 등대 하나

껌뻑 껌뻑

바다가 보이는 베란다 한편에
의자 하나 끌어다

모닝커피를 마시고 때로는
계절 따라 떠나는 철새들의 서글픈
눈도 배웅하며

찰랑찰랑 파도치는 소리에 두발 담그고 앉아
아침 섬들을 향해 기도를 하고 노래를 부르지

오늘같이
아무것도 눈에 차지 않는 날에도

그냥 멍하니 지평선 저 끝자락 돌아앉은 섬 하나 돌려세우고
낚싯줄을 걷는 일도

아침 자존을 세우려 키높이 구두를 신고
먼 바다를 걷기도 하지만

삐걱거리는 하얀 수면 위
얼굴 없는 먼 섬들만 종일 둥둥 떠다니지

바람이 되지 못한 새들이
정박한
외로운 등대 하나 우두커니

시 짓는 밥솥

마트 가는 길에 정직한 밥솥 하나 샀다
메이커 있는 잘 나가는 문협 제품이다

까만 솥에 우물 하나 길어다 넣고
속을 알 수 없는 온갖 잡곡 섞어 넣는다

아우성이다
제 잘난 맛에 뜸은 제 각각이다

생각을 끓여 내는 일 쉽지만은 않아

이번은 사용설명서를 첨부했다
옵션에 길들여진 대로

읽고 싶은 시집을 넣고 좋아하는 시인의 이미지도 적당히 그려 넣고

콩을 넣으니
진짜 콩밥이 되더라

내 정체성의 색깔만 죽 끓듯 하던 날

눈사람

너는 태생이 눈빛이란다

눈빛은 어디서 온 색일까
각각의 몸뚱이 굴려야 비로소 바로 설 수 있는 이분법은
덜 때 묻은 그가 몸통일까

코는 긴 게 좋을까 뭉텅한 게 좋을까
눈은 파란 거 아님 까만 거
피부색은 음
당신 좋아하는 취향에 맞게

그럼
말은 알아듣는 거 아님 못 알아듣는 거

덜 떨어진 놈 하나 제대로 된 사람 만들어
집안에 들여놓고 보니

다 녹아 없어지고
길게 자란 까만 코만 남았네

자유로의 악마

이산포의 노을이 공릉천 하구둑에
내려앉을 때쯤

그들의 불륜적인 사랑은 자유로를 달려 절정에 이른다
누가 자유로에서 악마를 보았다고 했나

일그러진 가을볕에 붉게 물든
그리움은
이산포의 노을빛이었을까

공릉천 하구뚝에 철새들
모여 앉아

아침 발목을 혼곤히 적실 때까지
끈적거리는 불을 밝히다
떠난

빨갛게 눈뜬 단풍 자리
말갛게 바람 안은 볕 자리

단 하루 옭아맨 사랑일지라도
자유로의 악마가 되어 보는 것도 괜찮겠다

너라면.

흔적

꼬리표에 바코드를 남겨

누군가 해독해주길 바라면서 이력을 새겨 넣는다

하나둘 허공에 걸린 도시의 불빛이 외로이 숨은
그림자를 끄집어낼 때쯤
늦은 풍경을 읽고 지나던 노을이 보행 신호등 앞에서
주춤한다

발이 기억하는 그곳에도 점자블록은
길을 읽어내지 못해
붉은 종양 같은 껌딱지 타박타박
묻어두고
불 꺼진 창을 바라보지만

가시의 입술 파랗게 돋아 잎을 피울 때까지
좀처럼 감출 수 없었던 꼬리표의 흔적

세월도
떨쳐버리지 못 한 인연 하나

기어코 따라붙어 온 도둑 가시풀의 기억

봉투를 접으며

그 하루는
온전히 나를 가두는 일이었다

비뚤어진 입들이 모여 앉아
풀칠을 한다
코로나에 굳게 닫힌 문들도 덩달아 풀칠을 한다

입안에서 나비가 허물을 벗고 나올 즈음
나비효과는 최고조에 이르러 스스로에게 덧씌운 올가미가
될 것이므로

입에 풀칠하는 것도 나쁘지는
않겠다

누군가에겐 기쁨으로
누군가에겐 부음으로
소식은 곧 먼지처럼 흩어지겠지만

거리두기로 못다 전한 말
봉투 속에 담아 봉한다

절망을 담아 거둘 희망의 씨앗 하나
세상에 내 놓는다

둥지

누군가 생을 다해 지켰을 저 둥지

나무 둥치
뿌리를 허물었다

가끔씩 기웃대며 부리를 쪼아 오던 그들도
이파리 헐린 햇빛 사이로 날카로운 이빨을 드러낸다
시커먼 삽날로 찍어오는 굴삭기 앞에서는 무릎을 꿇는다

어느덧 공공의 적이 된 둥지

혹여 모난 돌이 만나 둥지를 틀면
그들은 같은 생각으로 꿈을 꿀까

달이 차오르고 꿈 실은 조각배 밤길
헤쳐 오면
같이 꽃씨를 뿌리고 열매를 가꿀 수 있을까

그들의 꿈은 아직도 흔들리고 있을까

버려진 꿈들은 생각을 읽지
못하고
읽히지 않는 생각들이 땅에
버려진다
자라지 않는 생각들이 얽혀 뿌리를 이룬다

나무둥치로 내려앉은 둥지 속에 꿈들만 어지럽다

가시의 식성

늘 그리움을 꼬리표처럼 매달아 두던
어느 날

비명처럼 따라온 가시를 두고 호들갑을 떨어보지만
손끝에 매달린 통증
언젠간 저 홀로 삭여 없어지겠지 했었다

잊었다 했지만

가끔씩 들여다본 옛집
먼 길 돌아 나온 보고픔은
눈물로 맺히고

박혔던 가시가 몸의 일부로 되돌아
나오기까지
통증이 혈관을 뚫고 일주하는 동안

오감을 잘라먹던
가시의 식성은

그리움을 소각하듯 기억을 야금야금 지운다

미련 둔 발걸음 뭉텅 잘라내던 안개길 에
아무리 쥐어 짜내도 피 한 방울 나오지 않던 통증

그 무덤가 자라나던 가시나무의
기억

물의 꿈

의뭉스런 다리 밑,

그들의 회합은 끝나지 않았고

짧은 계절이 한 숨 지나갈 동안 물살의 등지느러미는
여전히 각을 세우고 상류를 거슬러 올랐다

어둔 암 전속에서도 지느러미 촉을 잃지 않았던 물길,
순탄해 보이는 물결도 그 속을 들여다보면 역린의 칼날
하나쯤은 품고 있다

손에 잡히지 않는 저 밖은 더 깊은 세상 속이라
꿈은 꿈속에서도 물길을 돌려세우고 표정을 읽어 내느라
애썼지만
그들의 꿈은 자꾸만 퇴화된 인간의 다리를 닮아가고 있다

오래도록 기억되지 않을 그 너머의
너머

해몽은 언제나 꿈의 밖에 있었다

틈

참새와 허수아비
그들만이 꿈꾸던 사유의 결계를 풀어놓고

떠나는 가을

허물지도 못할 가슴에
뚝을 쌓는 일이
얼마나 허무한가에 대해

어느 날

90년대식 경양식집에 멋 부리고 앉아 입가심도 안 될
돈가스를 시켜
자로 잰 듯이 재단이 되는 청춘을 마주한다

볼 빨갛던 아픈 사춘기 시절
두고 온 곰팡내 같은

안개 낀
죽은 가을

아침의
회색빛 사이로
쪼글쪼글 말라가는 손아귀에 작은 안부 하나 쥐어 보낼
틈도 없이
뚝 잎을 떨구던,

숨 하나

파란 숨 하얀 숨

그렇게 떠나가고
떠나보내고, 나는 이곳에 남아

틈 하나 메우는 일

시월애(愛)2
~넌 나에게

어쩌면...
넌 나에게

그리움이었을까

하늘 끄트머리
지나는 시월의 계절 너머

옅은 구름이 비껴 나면

가슴 시리도록 내 맘
울려대던....

잎새..
종일을 서성이다
떠나는
바람이었을까

세월..
돌아오지 못할
언약이었을까

가을비..

뒤척이다 떠나는
내 맘
같았을까

어쩌면…
우린 아직도 다
자라지 못한
세상 속인 걸까

이 계절엔 뻐꾸기도 울지 않았네

내 젊은 가슴으로 피던
목련의 자리에
소리 없이 스러지던
봄날

쓸쓸한 뒤 안에 쪼그려
세월의 저고리 풀어내던 삶의
연륜들이

또 다른 꿈을 찾아
어깨너머로 훔쳐보던
그 거리에서

푸른 발꿈치로 돌아서는
가슴들은 언제나
낯선
얼굴이었네

술에 취하지 않으면
아무것도 제대로 볼 수 없는 세상

그 끝에 매달려 대롱이던
숨 쉼은
삶의 발자국에
짓뭉개진 꿈 자락이었네

채석장에서
굴삭기 날카로운 부리 앞에서
쉼 없이 부서지는
삶의 터전들

점점 높아가는 아파트
옥상이
인간의 정을 거부하는 이 계절엔
뻐꾸기도 울지 않았네

흔적, 그리움을 지우다

옷을 깁다
틈 속에 일렁이던 너의 얼굴을 본다
또렷이 깊어가는 생각 아래 쌓아두었던 그리움, 자꾸만
흐려진다

세월을 담아 둔다는 건
흔적을 지워가는 일만큼이나
힘들다

오래 두어도 자라나지 않을 것 같던 아픔이 그리움을
표절하던 짙은
생채기처럼
생각의 깊이만큼
세월로 내려앉아 지워져 간다
잊혀간다

휴면계정을 알리는 메일함의 부제는
계절을 넘어 꽃을 피우던
쓸쓸함에 하릴없이 꽃대궁만 붙잡고 흔들던 바람의
몸부림이라

잊으려
흔적을 깁는다
생각 안에 담아 둔 그리움을 지운다

거울의 벽

술이 술을 먹는 세상이라고
산 빛에 취해 누운
몽상가들이 말했다

그랬다
한때의 유행 지난 모습들이
포장되지 않은 내
참모습이었다고

그는 시인 인체로
시인이 되지 못한 초롱이었다

가슴 열면 들어오는
낯선 풍경들을 반추하지
못하는
갇혀버린 새가 되었다

추국의 뜨락에
가끔씩 몸살 난 가을바람들이
빛깔 잃은 낙엽들을
헤집고 다닌다

지친 가을 꽃대궁
바람에 눕는 들판에서
술이 술을 먹는 세상이라고
산 빛에 취해 누운
몽상가들이 말했다

이 빈 들에 홀씨 되어

1)
날이 저문다
겨울 그림자 길게 누운
이 빈 들에도

마지막 햇살 한 줌 움켜쥐고
바둥거리던
도회지 삶의 뒷골목에도

저마다 하나의 거대한 벽을
가슴에 묻고
무수한 세월의 그림자로
도배하던
가난한 울음들은

먼 삶에 지친 우리의
모습들

세상의 울타리를 도망쳐
나온
잿빛 바람의 쓴웃음이

삶의
날카로운 부리에 쪼여
또 하나의 시련으로 다가서던
이 빈 들에

2)
술 취한 이방인으로 표류하던
삶의 현장에서

낡은 동심 하나 꺼내보는
망가진 겨울 들녘에
봄은
일어서고

먼 옛날
아득한 기억처럼
가슴 적시는 시린
눈물은

진정한 삶의 의미를
찾아
홀로 선 이 빈 들에

떡잎 하나
가슴에 품어 안고
진실을 갈구하던
아픈
시련들은

겨울나무 빛깔로
빈 마음에
서성이던 홀씨였던가

날자, 한번만 더

서른에
잔치는 끝났다던
그녀의 시집을 다시 펼쳐
든다

가을이 내 맘 같지 않아

볕 좋은 귀퉁이로 몰려다니는
바람과 나뭇잎들

지금은
시월이 지나가고 없는
썰렁한 정거장

자판에 가득 낀 먼지들을
털어내며

서른 해 그녀의 시집에서
묵혀 두었던
시를 꺼내 읽는다

이상이 현실이 될 수 없었던
나의 서른 해도
그러했으리라

아직은
늦지 않아 계절이 바뀌어도
차가운 바람결에
혼신의 힘으로 붙들고 있는 저
나뭇잎을 보라

그들의 일생에서
가장 아름다운
빛을 내고 있지 아니한가

날자. 한 번만 더
날아보자

설악 공룡릉

오르려 꿈꾸지 마라 하네
그곳
마등령

숨을 턱에 걸어보지
않고서는
결코 두발 딛고 설 수 없음이니

미처 여미지 못한
옷깃 사이로
언뜻언뜻 보이는
선녀의 속살이던가

한계령 굽이굽이 밝아오는
새벽 불빛은
대청을 넘어 구름 속
공룡릉에 이른다

옛날 옛적엔
신들의 정원이라 불리는
비밀의 화원이었다지
그 화원에 들지 못해 몰래 숨어서 지켜보던
이곳이
신선대라지

그러한
신선대에 올라 선계를 꿈꾸던
잠시
1275봉
빗장을 열고 살며시 화원으로 들어서면
조각도 아닌 것이
그림도 아닌 것이
열두 폭 병풍 속에 나를 가둔다

선계와 인세를 쉼 없이
오르내리다가
간신히 빠져나온 병풍 밖은
여전히 요지경 속이다

꿈길인 듯
혼미한 정신을 추스르고
올라 선
마등령

오르려 꿈꾸지 마라 하네
이곳
마등령

숨을 턱에 걸어보지 않고서는
결코 두발 딛고 설 수 없음이니
자꾸만 내게 탐하지 마라
탐하지 마라 한다

숲의 소리

풀잎이 돼라 하네

세상 저무는 날에 혼곤히 이슬 적시던
풀잎이 되라 하네

불면의 길목마다 덫을 놓아
매일 밤 날아오르던 아득한 숲의 소리

세상 이슥토록 꿈이 없는 밤에도
혼신의 힘으로 펄럭이던 흰 깃발 보았지

하늘이
보이지 않았네

가끔씩 목쉰 금속성 울음 내던 길 잃은 새들이
계곡에 내려앉아 미친 사랑을 한다

바람이 지나가면
사랑의 마지막 노래를 전하는 새들의 부리 끝에

잠든 의식을 일깨우는 숲의 소리
이제 기억의 잠에서 깨어나라 한다

사람 깨어 있지 않은 새벽 숲에
들불 내음 회오리친다

꿈의 들판 어딘가에 사각이던
잡풀들 날아올라

새가
되라 한다
불새가 되라 한다

천둥벌거숭이

목마른 웃음으로 한풀 꺾인
세월이야
이쯤에서 끝낼 일이지

목젖 삭여 우려낸
가난한
말(言) 뿌리들을 끌고
간다,
간다

손발 묶인 바람고개
낮 서방질하러
간다

청솔가지 태워 올리던
매운
세상맛도
한 번쯤 더 살아 볼 양이라고

세상 말 흔들리는 등살에
살 섞는
벌거숭이

피안 아늑한 골짜기
별똥 주우러
떠난 아이는 끝내
돌아오지 않고

미친 들바람으로 내달리던
벌거숭이 목숨들이
다다른
젊은 날의 골목길

구절초
소리 없이 지던
밤중에도
세상은 함구한 채 눈발만 날렸다

새벽에

파도가
밀려오네

내 오랜 침묵의 자리를 털고
파도가 밀려오네

흰 가슴속 여백을 남김없이
무너뜨리며
연거푸 일어서며

선잠 깬 갈매기 떼
먼 해원의 꿈을 좇고
이제 검푸른 바다를 향해
내 순수의
첫 등불을 켜리라

바다여 속살 고운 살찐
바다여
부서진 내 술병의
목마름을 위해
건배를 들자

바람이 불어오네
화려한
변신을 꿈꾸며
내 가슴속 헹구어 내던

전설 바다를 찾아
바람이
불어오네

불면기 2

바다가 바라보이는
작은 언덕쯤에
내 삶의 모습을 바라볼 수 있는
등대하나
있었으면 좋겠네

그렇게 오래도록
눈뜨고 바라볼 수 있는
가슴 아픈 그리움
하나
있었으면 좋겠네

썰물 나간 바닷가 개펄 위에
해원으로 향한 소리들이 바람처럼
아우성인데

아픈 삶의 상처를 어루만지듯
가만히 기대 보는
선착장

살붙이들 떠나 수심 깊은
어선 망에
늙은 갈매기 홀로 외로 욺다

유월의 뜨락에서

하얀 순백의 울타리에 핀
빨간 장미 송이

누구의 새벽에 찾아든
그리움이더냐

살포시 옷깃 젖히고 엿본
정염(情炎)이더냐

마른하늘에 천둥소리가 요란하다
어딘가에 비가 내리고
있나 봐

성질 급한 우리 마누라
요란한 천둥소리로
하늘 열어 쏴
오줌줄기를 뿌려대는 신새벽

빗길에
선머슴 나뭇짐 지어 내리듯
뒤뚱거리며
아침이 다가온다

바람이 전하는 말

새소리가 없어도
물소리가 들리지 않아도
좋아라

가슴으로 노래하는
그리움의 능선에 서서

바람 한줄기 품고 올 수
있다면

바람으로 전하는
너의 이야기 들을 수
있다면

꽃으로 피어나고
풀잎으로 반겨주던
그리움의 능선 위에서

하루를 온전히 보내 두고도
나는 너에게
너는 나에게 서로에게
못다 전한 그 말

소백에 가면
바람이 분다

때로는 모진 칼바람으로
나약해진 정신줄 다잡게 해 주고
때로는
복잡한 세상 시름 날려주기도 하는

눈 쌓인 산정(山頂)에

외로이 지나간 발자국들
세상으로 세상으로 이어주던
기나긴 그리움의 끝에 서면

한 번쯤
뒤돌아보아
귀 기울여 봐도 좋겠다

바람이 바람에게
꽃이 꽃에게
풀이 풀잎에게

너는 나에게
나는 너에게

서로에게 전하는 말

소백에 가면
바람이 분다

장마

아침이 몹시 부산하다

우수관을 타고 직 하강하는 빗물 소리와
날개도 없이 추락하던 세상의 집 유리창에
매달린 빗물
그들은 예고 없이 들이닥친다

골목 처마 밑에 손바닥만큼 하늘을 가려줄 핸드백을 들고
각자의 소중한 정수리를 덮은 체 옹기종기 모여 선 출근길

그들 곁으로 고인 빗물이라도 튈까 봐
아주 조심히 바퀴를 굴려오는 버스들

그리고는 휑하니 떨어지는 빗물을 튕겨내며 달려 나가는 어수선한 아침

세상 집
벽을 타고 하강하던 빗물들이
균열된 틈으로
스며든다
가로막고 선 둑이 무너진다
넘실거리는 경계를 사이에 두고
버스는
세상 밖으로 달려 나간다

남겨진 자들은 목마름에 자판기 커피를 조심스레 꺼내 들지만 그만 톡 하고 짠내 나는 빗물 방울이 단물을 삼켜버린다

그들은 이 장마와의 싸움이 지루하게 이어질 거라 생각했다 또 다른 버스가 다가와 그들의 목적지로 데려다 줄 이 버스 정류장을 떠나기 전까지는

소나기

내륙 곳곳 소나기, 남부 폭염, 내일 중부지방 비

바람난 춤판이라도 구경 갈까
창문틀에 걸쳐
한여름 내 늘어져 있던
장마가 벗어놓고 간
허물

부스스 몸 털고 일어난다
삼복더위
온갖 보양식으로 몸 챙기더만
늙어 늘어진 몸 끌고
기웃기웃

긴 장마전선을 밀어낸
바람계곡으로
피난민들 몰려든다
계곡마다 바람꽃 피는 때 아닌
봄뜰이다

내일 중부지방 비
허물 속에서 애벌레가 꿈틀거린다

낮달

내 이야기 들어봐
그의 출생의 비밀인데 말이야

창문을 어느 쪽으로 내는 게 좋을까
제비가 호박씨를 물어 오는 곳이라면 더 좋겠지

담벽에는
필름에서 갓 꺼내 온 따끈한 사진들이
벽보처럼 나붙었다
소리 없이 소문을 퍼뜨리고 다닌다는

복면 얼굴이었다
중국 우한에서 들어왔다는 설도 있었다

은밀히 담을 넘던 호박넝쿨이 큰 호박을 달고 떨어진다

애초부터 자기 집이었던 양
아예 뿌리를 두고 살림을 시작한다

밤이면 그들은 넝쿨을 타고 다니며 무슨 일들을 꾸몄는지

지붕 위 낮달이 배시시 웃고 있다

심곡천 1

상류가 궁금해

폭우에도 요동치지 않는 잔잔한 수면
어떤 이력을 갖고 있는지

그랬구나
너의 젊은 시절도 이리저리 휘둘리는 가느다란 물줄기였구나
쉬어 갈 숲 하나 없이 쉼 없는 길을 떠나야만 했던 힘든 청춘이었구나

가끔은
밑바닥이 드러난 얕은 꿈속으로 자맥질해보지만
물컹거리는 손 안의 물살 하나 건져 이리 굴리고 저리 굴려보지만
남는 건 촉촉이 젖은 눈물 자국뿐

그나마 작은 힘이 되었던 건
또 다른 지류를 만나 몸도 마음도 섞여 흘러가던 바람소리더라
사랑이더라
좀 더 넓은 품속에 수초들 텃밭도 만들어주고
작은 물고기도 키워가며 하늘을 담는 그림도 그려가며
바람 따라 일렁이는 물결도 배워가며

지류를 내보내고
또 받아들이고
그렇게 세월을 품어가며 흘러온 뒤에야
온전한 하늘빛을 담아낼 고요한 마음을 갖게 된
중년의 인생이 있더라

내 중년에 이르러서야 물결 흘러온 뜻을 알겠더라
물속 저 깊이 아픈 속내를 감추고 살아온 그리움의 깊이를
알겠더라

중년이 되어서야 물속에 잠든 나를 끄집어내어
살아온 화폭에 물새 내리는 꿈을 그릴 수 있겠더라

침묵하는 저녁

달은 뜨지 않고
밤하늘이 뿌연 흙탕물로 출렁인다

나의 안식은 어디에……
정화수 떠놓고 손이 닳도록 빌어 올리던 엄마 같은 정성이
없어서일까

쩍 갈라진 심장 속에 불칼을 꽂는다
우레와 같은 호통 소리도 들린다

벌을 내리는가
죄를 짓는 건가

좁은 골목길을 빠져나온 바람의 아우성 소리
정신을 혼돈에 이르게 하고
그들의 잣대로 삶을 재단해 온 밤의 역사가 진통을 한다

살면서 가져가야 할 것들
버리고 가야 할 것들

물이 한숨까지 차오르고
흙탕물에 쌓여 흘러가던 불빛 이제 보이지 않는다

오래지 않아 이 밤도 지나리라
폭풍도 지나리라

땅거죽을 말아 올리듯 밤의 해일에 밀려났던 마을들이 바람
귀 한쪽씩 잡고 돌아오고 있었다

태풍 장미

하늘 장막 창문을 열고 동그란 눈 하나 지상을 내려다본다

순식간에 사라진 길과 마을들이
출렁이고 있다

더 이상 바람소리 들리지 않고 사람들은 말을 잃어가고 있어

한 달 넘게 지상에 좌판을 펼치던 여름 장돌뱅이 장마는

무엇을 사고팔았을까
주인은 없고 빈객만 서성이던 장터

나비 팔랑팔랑 세상 건너와
무성하게 내리던 소문만 잠재우고 떠났다

구월에 가면

끈끈이처럼 따라붙던
장마를
물리고 나니
너의 품 안이 이리
개운한걸

생애 한 낮
고립된 섬으로 몰려갔던 물길 따라
맘속
헹궈내던 외로운 바람이라도

길을 떠나야지

성큼
건너뛴 여울 너머 계절가에
더욱 붉어진 꽃잎과
비를 품기 위한
바람

엉큼한
웃음을 흘리고 다닌다

구월

활짝 몸을 연 꽃대궁
바람의 연가
꽃잎이 지는 것도 다
이유 있었음을

이제는 뽀송한 사랑을 해도
좋을 것 같다

심곡천 2

가끔,

가을볕 도란도란 물길 건너던 네 속을 들쳐보고 싶다

아직도 자궁 깊이 퇴적된 화석들이 날개를 키우고 있는지
바다로 흘러 들어간 양수 속에
빨간 피를 가진 물고기가 살고 있는지

어느
낡아 버린 날

갈대 허리 밑 치마 내리고 물속에 들어앉아
지조를 말하지만

얕은 강에서는
찰싹찰싹 뭇매도 맞아가며
먼 바다로

긴 혀를 내밀어
간을 보는 심곡천 강물

때로는 딱딱한 척추를 곧추세우고 거친 폭포에 맞서기도
하면서
자신만의 색깔을 찾아간다

물의 이분법은
색깔론이다

강물이 바다로 뛰어들어 한동안 분탕질을 치지만
곧
흰색과 푸른색의 이분법에 휘둘린다

섞여 흐르지만
그들만의 흐름은 각각 달랐다

섞이지 못한 물이 심곡천으로 되돌아와 날카로운 금속성 울음을
토한다

태풍 바비를 대하는 관념

흰빛으로 내리긋는 사선은 단호했다

죄를 짓는 자
죄를 사하는 자

살풀이하는 바다
하얀 바람이 몰려든다

긴소매자락 끝에 매단 인연의 겁(劫)
풀어 풀어 물결에 띄우고

어디서 왔던가
어디로 가야 하는가

밤새 뒷목을 간지럽히던 걱정거리
세상 살아갈 아침 찬거리
괜한 염려스러움은

소통과 부재의 간극만큼이나 요란스럽구나
우리의 거리두기는

길거리 흔한 국수집

오래된 친구로부터
진밭 국수 먹으러 가자는 말에
일산으로 따라나선다

가을 따라 먼 길 온 바람이랑
심심한 듯 단풍 자리 하나 놓고 가는 햇빛

오래전 얘기들을 들려주는 철길 주변
코스모스랑
맺은 인연 어디 한둘이겠냐 마는

이미 인연의 테두리 안에 들였다는
먼 동해의 시인
그녀의 가을과 함께

길가 흐름 한 국수집 곱빼기 한 그릇 말아 가슴을 채운다
진국이다
요즘 말하는 찐이다

생생정보통에도 탔단다
누른 벽지 가득 낙서 중에 연예인 이름도 보인다

그 인연 참 맛집이다

로봇 청소기

까만 밤 커피를 내린다

알싸한 밤의 여백을 허물듯
까만 때를 벗기고
묻혀있던 오래전 기억하나 바라본다

서랍 속 닿지 못한 그 너머에는
우체국장 상장이 어린아이의 개근을 축하해주고 있어
초등학교로 바꼈다고
폐교된 탱자나무 울타리 속의 그 국민학교가 없어지는 것도
아니었는데

까만 밤의 기억 속에서
오래도록 떠나지 않고 윙윙거리던 가려움은
어둠 속 까만 때를 찾아다니는 로봇청소기의 현대판 놀이

까만 기억 하나 까만 곳에
두고 온.

낙엽

이제 막 털어낸 몸의 열기

낮은 구릉을 돌아 마중 나온
늦바람 난 단풍
매달고 온 열꽃이 울긋불긋하다

바람 흔들릴 때마다 드세게 다독이던
다짐 하나 둘
한 계절을 똑바로 세우고
세상 부름에 이리저리 흔들리던 몹쓸 가지들 놓아주느라

잎들은 한 시절을 통곡으로 땅에 눕는다

먼 여행길에서 돌아와 조용히 숨 고르는 시간
여름 그 몹쓸 상처 어루만지는 시간
다가 올 겨울의 기억 지우는 시간

한철 겨우살이를 위해 몸속의 수분 모두
뿌리로 내려 보낸 가지 끝
남은 빈집 기둥들이 와르르 속절없이 무너져 내린다

지금은 가을 잎 하나 둘 옷깃 푸는 시간
긴 동면 속으로 떠날 동거의 이력 하나 새길 시간

카멜레온의 詩

빈들에 서면 아주 오래전 묻혀 간
옛 꿈을 찾을 수 있을까

들판 가득
물이 차오르고
젖은 꿈들이 자맥질에서 건져 낸
푸른 아침이 햇살에 떠밀려 올 때쯤

소금기 절인
묵은 껍질을 털어내어 바지랑대 높이 걸쳐 둔
지난 허물에
덕지덕지 붙어 있는 상처들을 본다

이승의 끈 하나 놓지 못했던
그 짧은 순간에도
생환을 위한 걸림돌이 없기를 기도했었지 않은가
끝도 없이 추락하던 그 겨울 산정에서

튼튼한 다른 가지를 위해
병든 내 삶의 일부를 스스로
잘라버리지 못하는 비굴한 욕망은

풀풀 날리던
바람의 눈속임 따라
비어있는 내 마음을
들여다볼 수 있는
또 다른 눈을 잃어버린 체

무엇을 위해 사는지도 모르면서 마냥
추운 들판만
가슴에 쓸어 담고 있었네

밤새 하나 더 늘어난 주름살을 숨기려고
거울 속 내 모습을
깨뜨려 봐도

수천수만 가지의 변심한 모습으로
되살아나는
육신의 모습

누군가의 별 하나가 빛을 잃고
사라져 간다
우린 어떤 모습으로든 또 하나의
이별을 준비하여야 한다

천년을 사는 동안 꼭 한 번의 울음으로
진혼곡을 불고 간다는 학의 전설을 위해
반쯤 돋친 내 마지막 날개를 위해

언제부터인가 허기진 외출에서
돌아올 때면
내 구차한 삶의 호주머니 속엔
복권 두어 장 자리를 메우고 있었다

햇살 도둑

다시 눈을 떴을 때 햇살은 그곳에 없었다

갈팡질팡 이정표가 안보이던 날에
저 길도 내 길인 듯
이 길도 내 길인 듯

저 홀로 속앓이에
마른 잎새마다 떠나가는 눈물이 주렁주렁 매달린다

살가운 웃음 하나 머문
아흔 너머 바라본 노모의 아침도
그들이 믿었던 신의 이름 위에 언덕을 내어주고

햇살을 얻는다

날개는 추락하기 위한 절망의 도구가 아니다. 꿀단지 속에 코를 처박고 자신의 얼굴이 없어지는 줄도 모른 체 유혹의 틀을 벗어나지 못하는 것이

절망이다

꿀 따는 나무를 품은
하얀 꿈속의 그는 유난히 날개가 돋보였다

그들이 시를 팔아 프로필을 사 모을 동안 나의 안개 숲은 점점 더 길을 잃어갔다

자가 격리

봄이 오면 풀릴까

밖은 여전히 꽁꽁 싸맨 수도관 속으로
미세혈관만큼이나 가늘게 온기가 흐른다 불통이다
저마다 가슴에 품고 살던 섬에 고립된 사람들

생계의 문을 닫고
스스로 갇힌 자들

문을 닫고 선 그림자 벽에 기댄
하루의 저녁
비대면 알림 문자 요란히 문틈을 긁는다

묘지는 죽은 자만 갈 수 있어요
산자는 온라인으로 참배하세요

지난 추석 때도 벌초대행 서비스 이용하라고 하더니만
설날도 온라인 참배다

봄볕에 앉았던 수도관이 녹아 기우뚱거린다
막혔던 목청을 뚫고 참았던 안부가 한꺼번에 쏟아진다

이제 이 게임을 끝내야 한다
탈출 비밀번호
Covid-19

달집 짓기, 혹은 부수기

오래오래 그대 그림자에 갇혀
지냈지

편협한 애정의 다리 밑으로
흐르는
달빛
그 품에서 외다리 춤을 추는
세상의 모든 집들

더 이상의 출구도 없이
타협할 수 없는 보호막을 사이에 두고
그대에게 가는 길목
일회용 지붕에 얹혀살았지

바람 잦은 날 별은 유독
나뭇가지에 자주 걸려
소리치곤 했지

자고 나면 뒤 바뀔 내 모습처럼
그렇게 간단히
거울 속을 들여다볼 수
있는 것이라면
이렇듯 기어코 살아 내야 할
아무런 의미가 없으리라
우리에겐

허수아비 세상에 비친 또 다른 세상의
모습은
외다리 춤을 추는 그림자일 뿐
우리는 또 어느 별에서
위태로운 그리움의 문을 두드리고
있을까

괘종 벽시계

소파에 길게 누운 방전된
하루가
잠에서 깨어난다

어린 시절의 그는
시계 밥 주는 담당이었다
한 달에 한 번씩 첫날은 숫자판을 돌려주어야만
날짜를 기억하던 아날로그식
시계
가끔은 때를 놓쳐
추가 더 이상 움직이지 않을 때면
태엽을 감고
분침을 몇 바퀴씩 돌려가며 하루의 어긋났던 시간을
제자리로 돌려줬던
시계

어린아이가 다 자라
어른이 된 지금
댕 댕 댕 맑은 종소리로 새벽을 깨우던
벽시계는
허물 벗어놓은 매미처럼
나무기둥에 바짝 붙어있다
더 이상
밥을 주는 이가 없다

그냥 멍하니 태엽 감던 어린아이만 바라본다
지나 온 시간들이 바라보는 낯선 시선 위로
먼지 쌓인 세월만 흘러간다
불면 날아가 버릴 가벼운 시간들만 쌓여간다

다 자란 소파 위의 하루는 여전히 방전된 유물이다

마스크로 바라본, 2020

얼굴 없는 인사가 되겠다

마스크 속에 일 년을 묶어 두었던 목청을
풀어놓자
그마저 변성기를 거치는 듯 불협화음이다

거리두기로 흘려두고 온 지난 인연의 향기가 어느 계절 모퉁이에서 쓸쓸히 지고 있는지

슬그머니 파도를 끌어당겨 가슴을 덥히는 저녁이면
수족관에 잠긴 내 몸뚱이에 알음알음 비늘이 돋아 그리움을 찾아 떠나지

종일을 귓밥에 앉아 둥지를 틀던 당신의 안부는 바람처럼 흩어져 내리고

햇살이
긴 겨울을 서쪽으로 끌고 갈 동안
격리된 외로움은 집 안쪽으로

그림자를 눕히는 저녁을 마중한다

빈들, 그 겨울의 기억

모질다, 너는

우리가 겨울이라고 이름 붙인
저 빈들,
삭제된 메모리 같은

촉촉이 젖은 논바닥 희끗희끗 서리꽃이
박힌다

세월, 가고 오지 못할 것들의 맹세는
기어이 강물처럼 엎어져
공허 히 갈아 앉은

약속의 부재

젊은 심장 덥혀줄 피나는 진실이라도 찾아
떠나야 하나

다리 건너 안식을 찾는 교회당 첨탑 위로
달이 걸리고 바람이 지나가면

얕은 기억의 조각으로 오랜 경전을
더듬는

내 추운 들판

옛사람

기차가 지나는 역에는 늘 기다림이
키 재기를 한다

뒤꿈치 바짝 세우고 건너다본
철길 너머 딱딱히 굳은 빈 나무의자
솔깃 그리움이 등을 기댄다

떠나가는 이만 있고 돌아오는 이는
없는 간이역

눈물이 반이란 독한 술잔으로도
마음을 달래 주지 못한
외로움들

역할에 따라 사람이 바뀌듯
갈 사람은 떠나야지

기차가 지나지 않는 간이역엔
키 큰 꽃들만 바람에 흔들린다

겨울, 문틈

저 벌어진
문틈을 닫지 않고는 밤새
잠을 못 이뤄
기어이 일어나 비닐장막을 두른다

입마개를 하고
코에 산소 호흡기를 매달고
이 겨울을
버텨 보려고 애쓰지만

사실은 벌써
봄이 내려앉아 있는
그 무거운 세월을
버텨내고 있었는지도

바람이 불면
그들은 바람잡이가 되어
더 거센 바람을
문틈으로 비집고 들여
보낸다

비닐 장막을 두르지 않고선
너와 나
서로를 지킬 수 없어
대화조차도 거부당하고
인공관 안에서 숨을 쉰

그해 겨울의
마네킹 연습실처럼.

시간의 기억

아픈 꽃잎에 물든
하얗고 노란 바람들이 자꾸만 생채기를 돋웁니다

뻐꾸기 우는 골목길
그 끝에 매달린 노란 함석집 문을 열고 들어서면

오래전 카세트테잎
녹음해 뒀던 그녀의 노랫소리에 맞춰 풍금이 울려요

아직도 그녀가
뒤따라
걸어오고 있을까

내리는 빗소리에 발자국 소리도
들리지 않고
감시카메라에 쫓겨 다니던
내 아픈 그림자는
가을을 물고 떨어져 내려요

거미줄 같은 미로 속에 갇혀 내 맘속 씨줄 날줄을 엮어내는
세상 소리들로

이리 차이고 저리채이며 갈팡질팡 했던 존재감마저 잃었던
기억이 있어요

많은 비가 내려
로봇타워 공사현장에 쏟아 부은 흙덩이만큼이나 더 많은 빗
물들이 누른 흔적을 끌고 바다로 흘러들어 가요

저 멀리서 무게 잡고 있는 바지선 두척, 그 옆에서 파도에
휘청 이며 힘겹게 끌어올린
고깃배

그물에 걸려 올라오던 오랜 시간의 기억 끝에서.

노란 함석집
깊숙한 골방에서
홀로
풍금을 울려야 했던

스스로 껍질을 깨고 또 다른 틀에
몸을 묶을
긴 시간 동안
갇혀있어야 했던

희미한 기억의 가로수들이
옅은 안개 속에서
진초록 자태를 뽐내며 길을 열어주는
아침

그 아침 그물에 걸렸던
뻐꾸기 울음소리
종일
떠나지 않아요

어머니의 강

새벽 강에 안개 내리는 날이면 딱히 정한 곳 없이
강 자락에 싸여 흘러온 세월이 그르릉 그르릉 울고 있습니다

나 홀로 가는 당신의
세상

푸른 물이랑 겹겹이 가슴 휘두르고
새벽같이 일어서도

강은 자락도 없이 자꾸만
깊어지고

구성진 눈발 같은 뒷모습만 남긴 채
이제는 한 걸음씩 세상 끝으로 홀로 다가서는 어머니

어머니,
울 너머로 아득한 미소 사라진 그늘 자리
문풍지 홀로 바람에 떨고 있습니다

강자락 따습던 빛살 이제 좋이 스러져도
물새 다시 내리는 강으로

이렇듯
낮게 낮게 물결 이어오신
당신의 사랑

안개 시퍼런 숨을 토하는 새벽 기침소리로
 남은 세월 이끌고 무겁게 무겁게
손을 비워내고 계시는
어머니

당신의 자리는
차라리
억겁을 두고도 돌아오지 못할
강물이었습니다

통화 중

이 매듭은
어디서부터 잘못 매어져 있었던 것일까

익숙한 거리
서로가 앞만 보고 걷던
세월의 때 덕지덕지 묻은 간격
꼭 그만큼의 거리에서

가까이 다가서 보지만
세간의 풍문에 귀를 매달아둔
표정을 알 수 없는
햇살 그림자 마주 보고 실실 웃는다

언제부터였을까 가벼움이 가려움으로 느껴졌을 때가
때때로 습한 바람결에 묻어오던 안부가 자꾸만 멀어질 때쯤
버스를 타고 내리는 사람들 사이로 우두커니 서서 손을 흔드는
철거 예정인 버스정류장
그 곁을 지켜오던
늙은 가로수들 땅거미로 내린다

산곡동 낮은 담장이 길을 내어주는 저녁이면
폐지 박스 실은 리어카
삶을
매달고 간다
살아온 무게가 느껴질 만큼 힘겹게 끌려간다

휴대폰 배터리 한통 다 쓸 시간 동안
멍하니
빈 공간만 들여다본다
부재중을 알리는 방송이 여기저기 들려온다

도심 밖으로 향하는 모든 길은 현재
통화 중이다

비무장지대

(1)
너무도 아득히 오랜 세월을
천애의 심연으로 자맥질당한 상처는

이제는 저 홀로도 무던히
훼방꾼이 될 수 있는
약속한 불신의 땅

믿음의 뼈를 갉아먹고 자란
이념의 중간지
오랜 세월을 몸 태우며 고통했던
풀잎들이
맹렬한 독기를 뿜으며 화해를
거부하는 곳

(2)
이슬방울이 갈증 난 목을 유혹하던
혼미한 새벽녘
간밤엔 선잠으로 토해내던 확성기의
불협화음에
산 노루 한 마리가 지뢰를 밟고 쓰러졌다

(3)
어언 반백의 세월을
녹슨 쇠사슬로 깁스 한 허리춤
곪아 터진 상처를
이제야 수술 대위에 올려놓고도
잘라버리자, 아냐
조금만 긁어내고 새살을 갖다 붙여야 해

(4)
겨우내 서걱거리는 땅덩이를 안고
자신의 죽음 밭을 지켜오던
분단의 접지 목에서
이념의 관을 메고
노루는 죽어가고 있었다

겨울, 병사의 노래

하나. 매복지에서

다시 서리라

강바람 치는 깊은 사색(思索)의 철책 너머
흰 깃발 펄럭이며 도열한
선잠 깬 억새풀
실(失)한 가슴 저녁으로 저무는
매복지에 서면

소슬히 잡목림을 빠져나간 빛살들이
아침을 기다리는 동안
내내 불어오는 눅눅한 그리움들에
철모 깊숙이 눌러쓴
겨울 병사의 참호 속으로 몸을 누이던
손때 묻은 네 크낙 한 안부

강자락을 더듬어 본다
싸륵싸륵 별이지는 마지막 능선에
이제 홀로 남은 네 무덤
장벽(障壁)은 더 이상 침묵의 거친
바람일 순 없다

새벽이 다가왔다
네 숨통 조이는 모래바람보다 더
갈(渴)한 목마름으로
타는 이 땅의 푸른 아침을 위해
이제 나팔을 불어라

일어나라
그대 전선의 혼이여
오랜 고통의 심연(深淵)에서 깨어 일어나
때 묻은 겨울 들녘 틈새로
너는 다시금 푸른 옷을
갈아입어라

회색빛 길목마다 염원의 촛불 밝혀
새벽길 매복에서 돌아온
아 저토록 초연한
전선의 파수꾼이여

둘, 아침을 기다리는 빛살, 사수(射手)의 노래

이제 만나 보리라

가시덤불 속에 웅크린 잔설(殘雪)
희미한 기억을 더듬어
겨우내 윙윙 울어대던 빈 들판

그 추운 가슴 비집고 들어서는
그리움의 눈빛들을

검붉은 힘살 굳게 돋은 전선의 강 푸른 참호(塹壕) 밖으로
지난 반세기 앙금처럼 갈앉던 쓰라린 가슴속 여울을 지나
묵묵히 일어서는 저 거대한 분노의 물결을

내 혼신의 신념으로 키운 가파른 고지
그 높이만큼 우리 달려야 할 아득한 곳.
대공초소 계곡을 타고 오르는 젊은
사수(射手)의 노래는
무딘 감각을 깨우는 사수 혼의 묵시(黙視)
빛살, 빛살들

오라, 너 피눈물 나는 젖은 손으로
내 투구 끈을 집던 그 하얀 꿈의 주렴 젖히고
댓닢 같은 산맥을 넘어 새벽 발걸음으로
억새풀 갈기 세우며 달려오는
저 광야(廣野)
빛나는 아침 손을 이끌고 나에게 오라.

질경이 풀 어우러 핀
내 강토(疆土)
깊은
역사의 줄기 속에

강철 같은 봄을 휘날리며 달려오는
새
아침을 맞으라.

병사여, 삼단 같은 머리 드리운
회억(回憶)의 세월이여.
이제 만나 보리라
봄이 오는 그대 첫 뜨락에 서서
환희의 숨소리 씩씩히
땅울림을 몰고 오던 옛 선구자를
만나 보리라.

셋. 바람의 끝 혹은 침묵

핏발 선 풀잎 창검처럼 일어서는
야간 공제선
네 춤사위 덩달아 너울지는 젊은
무대 위로
하늘은 또 시퍼런
동맥 줄기를 드러내며
저렇게
뇌성을 울리는데

아직도 겨울바람이 매서운
눈초리를 번뜩이며
우리 가슴을 얼어붙게 하는 것은
무엇 때문일까.

언 땅 팽팽히 잡아끌던
봄
소식도 없이
인계철선 말목에 붙박인
민들레의 영토
외진 숲 속으로 울어대는 목쉰
바람 소리와
흔적 없이 다가서는 진눈깨비들이
설국의 전사처럼
소리 없이 산그늘을
업어 내리던 늦은 저녁

먼 나라에서 온 타인과 가슴 맞대고
모반(謀反)을 꿈꾸던
네 아픈 기억으로도
언젠간 일궈야 할
침묵의 땅 이기에
지금은 그냥 유휴지라 불러두자
얼마큼의 가능성으로 가꾸어온
낯선 희망들이

봄을 기다리는 동안 잠시
녹슬어 있을 뿐

넷. 해빙을 위한 전선의 진통

봄은
요원(遙遠)한 새벽인가

쑥대머리 흐트러진
갈대밭, 돌아온
철새의 기별은 아직은
낯설고
강바닥을 긁는 기억들이
아픈
생채기를 토한다

풀잎
마른 줄기를 훑고 지나던
바람들은
철책에 걸려 우우 속살을
찢어내며
목마른 꿈을 일깨우고

긴 기다림으로 이어온
초병의 밤은

젊은 체온을 다독이듯
이따금씩
강마을 저쪽으로
눈발을 날린다

가슴쇠 선단에 매몰되는
겨울 저녁
해거름으로 몰려가는
은둔지를 찾아
깊이 내지르는 탐침봉 끝
진홍빛 진달래
설움 깊구나

다섯. 아침 혹은 또 다른 불면

아침을 기다리는 긴긴
밤의 초소 근무

능선이 숨은 그림자를 끄집어
낼 때쯤
한 켜 한 켜 벗겨내던 젊은
초병의 시선과
벌 때처럼 일어나는 어울림의 소리
빛살 소리여

혼돈의 새벽을 벗어난 거친
황토 위에
열두 폭 사계의 첫 빛살 어울리는
소리는
얼기둥기 어깨 축 들고
신명 난 춤사위로
풀밭을 달리는 봄비들의
행렬

못물 풀리는 긴 수로 하층에
까마득한 날의 생채기
뿌리를 돋우는
저기
소슬한 내 아침의 나라에선

역류를 꿈꾸며 어울리지
못하는
물살들의 상실된 봄 뜨락에

사수여
젊은 그대 잠들지 못한 조국의 하늘
드높이
고도를 기다리는 비둘기 한 무리 떼
날아오를 날은,

여섯. 봄을 기다리며

아아 무엇일까
아둔한 저녁 그리메로 넘어오는 저
산자락에
두발 깊이 묻은 채 내 옷자락을
잡아당기던 너는
누구의 못다 한 비명(碑銘)이었던가

진달래 진달래야
추운 가슴에 불을 피우자
이 강 저 산 언 땅 녹여
우리 서로 잊었던 꿈을 캐자

아 병사여
내가 부르던 너의 이름은
군사분계선 그 높다란 철책에 걸려
쩌엉쩡 울고만 있구나
추운 들판에 비목(碑木)으로 누웠구나

그리워마라 그리워마라
네 고향집 언덕에도 푸른 잔디는
솟았어라
이 고운 햇살 아래 어딘들
웅크린 가슴 열지 않으리

아 병사여
망배단 울음 위에 홀로 누운
철마의 내력을 아는가
바다보다 깊은 한을 안고 흐르는
임진강의 울음을 듣는가

바람이
살아나고 있다
불면의 밤을 뒤척이던
녹슨 세월의 조각들이.
치유되지 못한 이 땅의 바람들이
비무장지대 앙상한 가슴들을 헤집고
있다

초소 구석구석 스며있는 때 묻은 지난
이야기들
오래전 전역해간 병사들의
그리움의 낙서들도
저 검은 북녘 하늘 바라보며 울분을
삭이던
가슴속 언어들도.